CAROL CASTRO

LÍDER, LIDERE

Literare Books
INTERNATIONAL
BRASIL · EUROPA · USA · JAPÃO

Copyright© 2024 by Literare Books International.
Todos os direitos desta edição são reservados à Literare Books International.

Presidente:
Alessandra Ksenhuck

Vice-presidente:
Claudia Pires e Julyana Rosa

Diretora de projetos:
Gleide Santos

Capa, projeto gráfico e diagramação:
Gabriel Uchima

Revisão:
Ivani Rezende

Impressão:
Gráfica Paym

**Dados Internacionais de Catalogação na Publicação (CIP)
(eDOC BRASIL, Belo Horizonte/MG)**

C355l Castro, Carol.
Líder, lidere: o impacto da sua atitude / Carol Castro. – São Paulo, SP: Literare Books International, 2024.
14 x 21 cm

Inclui bibliografia
ISBN 978-65-5922-793-8

1. Liderança. 2. Empreendedorismo. 3. Sucesso nos negócios. I. Título.

CDD 658.4

Elaborado por Maurício Amormino Júnior – CRB6/2422

Literare Books International.
Alameda dos Guatás, 102 – Saúde– São Paulo, SP.
CEP 04053-040
Fone: +55 (0**11) 2659-0968
site: www.literarebooks.com.br
e-mail: literare@literarebooks.com.br

PREFÁCIO

Em nossa jornada pela vida, cruzamos com pessoas que nos marcam de maneira indelével, deixando uma impressão duradoura que nos transforma. No âmbito profissional, esses encontros podem ser ainda mais impactantes, especialmente quando se trata de desenvolvimento de liderança. Carol Castro, cuja história e *insights* compõem as páginas de *"Líder, lidere"*, é uma dessas pessoas extraordinárias com quem tive a honra de colaborar. Como *coach*, testemunhei sua evolução não apenas como profissional, mas como ser humano, uma jornada de autodescoberta, desafios e triunfos que agora é compartilhada com o mundo por meio deste livro.

A liderança, na visão de Carol, é uma tapeçaria tecida com fios de autoconhecimento, empatia, integridade e uma profunda dedicação ao crescimento coletivo. *"Líder, lidere"* é um convite para repensar paradigmas, a ver além do convencional e a abraçar uma liderança que é ao mesmo tempo vulnerável e poderosa. Carol desdobra, com uma clareza e profundidade raras, como a verdadeira liderança emerge não da autoridade imposta, mas do respeito conquistado e do exemplo inspirador.

Este livro não é apenas uma coletânea de técnicas e estratégias; é uma jornada pessoal de transformação. Por meio de suas páginas, Carol oferece um olhar íntimo sobre as lições aprendidas na própria vida, desmistificando a ideia de que líderes nascem prontos. Ela nos mostra que a liderança é uma arte que se aprimora com a prática consciente, a reflexão contínua e, sobretudo, a coragem de se mostrar vulnerável e humano.

A abordagem de Carol à liderança vai além do ambiente corporativo; é uma filosofia de vida. Ela argumenta convincentemente que liderar é um ato de serviço, uma oportunidade de impactar positivamente as vidas das pessoas e de contribuir para um mundo mais justo e compassivo. Com histórias reais e conselhos práticos, *"Líder, lidere"* serve tanto como um guia para aspirantes a líderes quanto como uma fonte de inspiração para aqueles já em posições de liderança que buscam renovar sua abordagem e reacender sua paixão pelo serviço aos outros.

Ao ler este livro, você será convidado para refletir sobre as próprias práticas de liderança, crenças e valores, e como esses elementos se traduzem em ações concretas. Carol não oferece respostas fáceis, mas sim perguntas poderosas que provocam reflexão e incitam ao crescimento. Ela encoraja cada leitor a se tornar um agente de mudança, a liderar pelo exemplo e a cultivar ambientes nos quais a confiança, a colaboração e a inovação possam florescer.

Um dos aspectos mais valiosos deste livro é a sua autenticidade. Carol escreve com uma honestidade que toca o coração, compartilhando as próprias vulnerabilidades e como elas se tornaram a base de sua força como líder. Este nível de transparência cria uma conexão profunda com o leitor, fazendo de *"Líder, lidere"* uma obra não apenas informativa, mas profundamente transformadora.

Em um mundo que clama por lideranças mais humanas, éticas e eficazes, *"Líder, lidere"* chega como um farol de esperança e um manual para a ação. Carol Castro nos presenteia com um livro que é, em essência, um ato de amor pela liderança e pela capacidade humana de crescer e transformar realidades. Seu trabalho é um convite para que cada um de nós assuma o papel de líder em nossa vida, em nossas comunidades e além.

Ao finalizar *"Líder, lidere"*, você não será o mesmo leitor que iniciou a jornada. Será convidado para olhar para dentro, a questionar, a se desafiar e, finalmente, a agir. Este livro é uma bússola para aqueles que buscam liderar com propósito, paixão e profundidade. Que a leitura deste livro seja o início da própria transformação em um líder que lidere com o coração, com a mente e, sobretudo, com a alma. A liderança é uma viagem que nunca termina, mas cada passo nessa jornada, conforme guiado por Carol e seu livro, é um passo em direção a um futuro liderado com mais amor, sabedoria e impacto.

Ao escrever este prefácio, sinto uma mistura de gratidão e admiração. Gratidão por ter tido o privilégio de acompanhar parte da jornada de Carol e admiração por sua coragem de compartilhar essa jornada com o mundo. *"Líder, lidere"* é um presente para todos nós que aspiramos a sermos melhores líderes e, mais importante, melhores seres humanos.

Encerro este prefácio com um convite: deixe que *"Líder, lidere"* seja seu guia para uma nova forma de liderar, uma liderança que é verdadeiramente transformadora, tanto para você quanto para aqueles ao seu redor. Que as lições compartilhadas por Carol Castro inspirem você a liderar com propósito, paixão e uma profunda conexão humana.

Com profundo respeito e admiração,

Jorge Coutinho

INTRODUÇÃO

O lá e bem-vindo ao início de uma nova era em sua carreira e vida pessoal. Você entenderá o efeito do impacto da sua liderança nos resultados da sua equipe. Eu sou Carol Castro e, por meio deste livro, *"Líder, lidere"*, estendo-lhe o convite para embarcar na jornada mais transformadora da sua vida — aquela que o conduzirá a ser o líder que sempre aspirou a ser, com atitudes e decisões que forjam novos caminhos.

Minha história é um mosaico de experiências valiosas, que começou nos detalhes minuciosos da odontologia e evoluiu para o dinamismo da liderança empresarial. Em cada etapa, aprendi que liderar vai além de delegar e dirigir; liderar é engajar, é desenvolver talentos, é cultivar o potencial humano.

Este livro não é apenas um conjunto de páginas, mas um diálogo contínuo entre nós. Vou compartilhar com você não apenas estratégias e técnicas, mas histórias de vida e aprendizados que moldaram minha visão sobre a liderança efetiva e humana. Aquela que se constrói sobre alicerces de confiança mútua, cooperação e genuinidade, é ser digno de ter pessoas que servem seu propósito como líder.

Nas próximas páginas, desafie-se a ir além do convencional, a conectar-se com o que você tem de mais autêntico e a embarcar comigo na exploração do mundo da autoliderança e do desenvolvimento de equipes que prosperam. Está preparado para ultrapassar as barreiras do comum e descobrir um universo de possibilidades?

Vamos iniciar esta jornada em direção ao que há de mais avançado e, ao mesmo tempo, simples em liderança e autogestão. Este é o momento de liderar com audácia, sabedoria e um espírito aberto para aprender e contribuir.

Seja bem-vindo ao seu processo de transformação pessoal e profissional!

SUMÁRIO

CAPÍTULO 1:
UMA NOVA ERA DE LIDERANÇA...............13

CAPÍTULO 2:
O DNA DO LÍDER PROTAGONISTA...........19

CAPÍTULO 3:
CONGRUÊNCIA E FREQUÊNCIA...............31

CAPÍTULO 4:
AUTOLIDERANÇA..37

CAPÍTULO 5:
AUTORIDADE E SUBMISSÃO
EM LIDERANÇA... 47

CAPÍTULO 6:
RÓTULOS E AUTOIMAGEM............................55

CAPÍTULO 7:
CULTURA E COMPORTAMENTO................71

CAPÍTULO 8:
ENTENDENDO PERFIS
COMPORTAMENTAIS.....................................81

CAPÍTULO 9:
CONSTRUINDO RELAÇÕES
DE CONFIANÇA..119

CAPÍTULO 10:
COMUNICAÇÃO NÃO VIOLENTA.............131

CAPÍTULO 11:
COMUNICAÇÃO E INTELIGÊNCIA
ARTIFICIAL NA LIDERANÇA........................139

CAPÍTULO 12:
FEEDBACK - A FERRAMENTA E
A ARTE DO PRESENTEAR.........................145

CAPÍTULO 13:
8 PASSOS PARA CONSTRUIR
UM TIME AUTOGERENCIÁVEL..................163

CAPÍTULO 14:
O INÍCIO DE UMA NOVA JORNADA
DE LIDERANÇA.......................................189

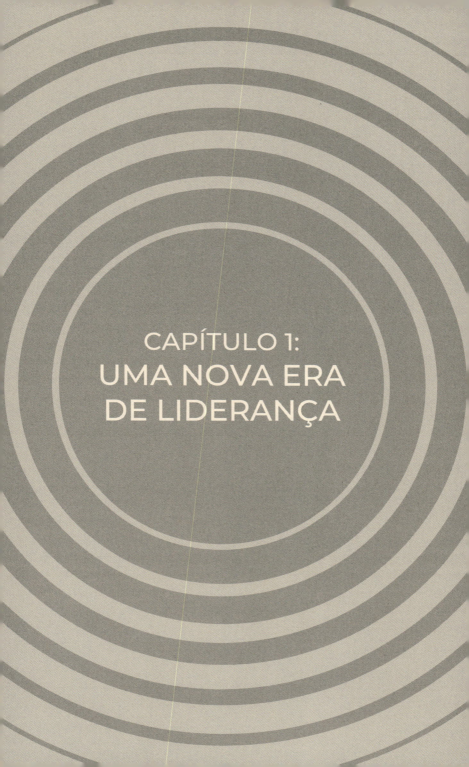

CAPÍTULO 1: UMA NOVA ERA DE LIDERANÇA

Minha trajetória até a liderança foi uma construção de muitas etapas, marcadas por aprendizados contínuos e uma série de experiências enriquecedoras. Nos capítulos deste livro, quero compartilhar não apenas o que aprendi, mas como você pode aplicar esses ensinamentos na sua vida profissional.

Iniciei minha carreira na Universidade Federal de Uberlândia, focada na área da odontologia, na qual obtive meu PhD. Foi lá que comecei a desenvolver habilidades que mais tarde se mostrariam fundamentais: a atenção aos detalhes, a capacidade de ouvir e o entendimento das necessidades individuais.

Quando comecei a dar aulas de metodologia científica, vivi o impacto que um bom professor pode ter no desenvolvimento profissional e pessoal dos alunos. Essa experiência foi decisiva para aprimorar minha capacidade de comunicar ideias complexas de forma clara e eficaz, uma habilidade fundamental tanto na sala de aula quanto na sala de reuniões. Ao ensinar, eu não estava apenas transmitindo conhecimento, mas também liderando meus alunos por um caminho de descobertas e compreensões. Assim como um líder empresarial inspira e guia sua equipe para alcançar objetivos comuns, um professor molda mentes e incentiva o crescimento. Essa dualidade de papéis me fez perceber que, no cerne, ensinar e liderar são sobre conectar-se com as pessoas, entender suas necessidades e potenciais, e direcioná-las a se superarem. As lições que aprendi em sala de aula se tornaram fundamentais em minha trajetória para construir equipes de alto desempenho e promover uma liderança que é tanto sobre orientação quanto sobre inspiração.

Ao longo de mais de quinze anos trabalhando em um grupo multinacional, tive a responsabilidade de montar equipes do zero e liderá-las para alcançar resultados significativos. Durante esse período, não apenas construí novas equipes, mas também assumi o desafio de resgatar times que não estavam entregando resultados, utilizando uma abordagem de liderança atenta e proativa. Compreendi que os melhores resultados vêm da combinação de uma liderança atenta com processos bem definidos, equipes bem preparadas e um Líder Protagonista que sabe como transformar desafios em oportunidades de crescimento e resultado.

Aprofundando meus conhecimentos em gestão, completei um MBA em Gestão de Projetos pela Fundação Getulio Vargas. Essa formação expandiu minha visão de liderança e gestão, fornecendo ferramentas avançadas para o gerenciamento eficaz de equipes e projetos.

No presente, lidero o Instituto HOP, onde aplico minha experiência para ajudar outras organizações. Meu foco está em desenvolver líderes e equipes, promovendo a ideia de que o desenvolvimento de pessoas e a obsessão por resultados são complementares, ou seja, trata-se de usar "e" e não "ou". Isso contribui para que as empresas alcancem seus objetivos estratégicos, otimizando processos e promovendo o crescimento organizacional.

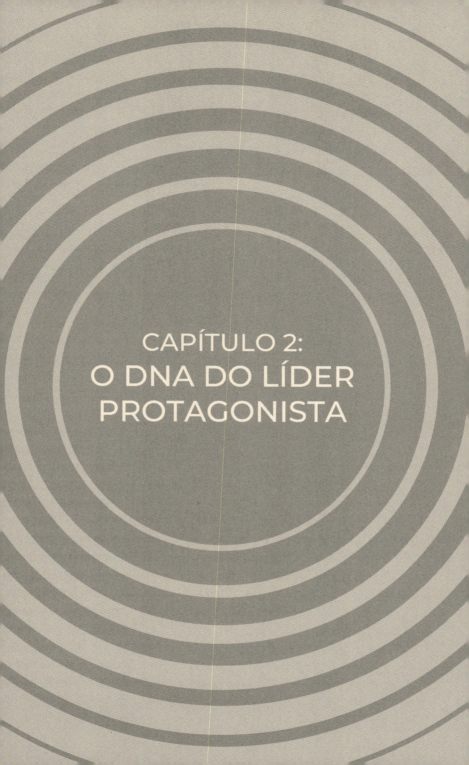

CAPÍTULO 2: O DNA DO LÍDER PROTAGONISTA

Ao longo da minha jornada, descobri que o DNA de um Líder Protagonista é composto por diversos elementos que vão além do conhecimento técnico. A minha transição do campo da odontologia para o mundo corporativo revelou que a verdadeira liderança reside na capacidade de inspirar, mobilizar e conectar-se com as pessoas.

Minha base acadêmica foi crucial, mas a liderança demanda um aprendizado constante que transcende a sala de aula. No mundo corporativo, aprendi que liderar é um processo contínuo de crescimento e que cada novo dia traz consigo lições valiosas que devem ser aplicadas de maneira prática.

ADAPTAÇÃO E FLEXIBILIDADE

Em minha jornada, a capacidade de adaptação e flexibilidade provou ser mais vital que qualquer conhecimento técnico que possuísse. No ambiente corporativo, essas qualidades se manifestaram quando aceitei o desafio de liderar uma equipe de engenharia, embora minha formação fosse em odontologia. Isso me colocou em um território desconhecido, no qual minha flexibilidade se tornou uma ferramenta crucial.

Aquele não era um simples papel de liderança; era uma oportunidade para fundar um departamento de pesquisa e desenvolvimento — uma responsabilidade que exigia uma abordagem adaptativa. Eu estava entrando em um mundo dominado por engenheiros, como a única dentista, e precisava encontrar uma maneira de ganhar a confiança e o respeito da equipe. Em vez de depender do conhecimento técnico, foquei em aprender a linguagem de engenharia e em entender a dinâmica da equipe, o que foi essencial para a nossa performance e sucesso. Um Líder Protagonista entende que seu protagonismo está em se posicionar nos bastidores, enquanto seu time brilha no palco. Na prática, isso se traduz em fazer as perguntas certas e permitir que o time encontre e traga as respostas.

A flexibilidade se tornou ainda mais evidente quando fui encarregada de liderar a expansão global do portfólio da empresa, levando a marca a mais de 80 países. Novamente, confrontada com a minha falta de experiência em marketing e gestão de produtos, eu me apoiei na minha habilidade de aprender rapidamente e de me adaptar às necessidades da função, alinhando-as com as metas da organização e, também, de gerar possibilidade para que o time se especializasse tecnicamente para executar a função com excelência.

Ao refletir sobre esses momentos, percebo que a adaptação e a flexibilidade são mais do que simplesmente mudar de direção quando necessário. Trata-se de manter a mente aberta e vulnerável, estar disposto a aprender e ter a coragem de dizer "sim" a oportunidades que podem inicialmente parecer assustadoras ou fora do nosso âmbito de conhecimento. É sobre confiar na capacidade de crescer no processo e utilizar cada experiência como um trampolim para a próxima etapa, ajustar estratégias, repensar metas e até mesmo reinventar processos. É sobre ter a certeza de que qualquer área de uma empresa, qualquer negócio é feito de pessoas.

Liderar com flexibilidade também significou para mim a habilidade de equilibrar compaixão com expectativas de desempenho. Em diversas ocasiões, liderei equipes pelas mudanças organizacionais complexas. Aprendi que ser flexível não é apenas mudar de direção conforme o vento, mas também ser firme nos valores da minha liderança, fornecendo à equipe um senso de estabilidade e clareza em meio à mudança.

LÍDER, LIDERE

Nessa jornada, percebi que a flexibilidade é também uma forma de resiliência. Líderes Protagonistas se destacam não apenas por suas conquistas, mas pela capacidade de persistir, adaptar e evoluir. Quando uma estratégia falhava, não desistia; avaliava, aprendia rapidamente com os erros e seguia com um novo plano. Essa resiliência, combinada com foco no resultado, é o que permite a um líder não apenas sobreviver, mas prosperar, independentemente dos desafios que surjam.

A verdadeira liderança exige que estejamos sempre prontos para crescer, mudar e nos adaptar. E, apesar de não se aplicar apenas aos líderes como a todos em uma organização, se inicia nos líderes. Por isso, sempre incentivei minha equipe a desenvolver essa mesma adaptabilidade, promovendo uma cultura na qual a mudança não é evitada, mas sim abraçada como uma parte natural do nosso desenvolvimento pessoal e profissional.

CORAGEM PARA APRENDER E INOVAR

Inovar sempre foi parte integrante da minha carreira, mesmo quando isso significava entrar em territórios desconhecidos ou assumir posições que desafiavam as normas estabelecidas. A coragem para inovar não é apenas sobre ter ideias; é sobre ter a audácia de implementá-las.

Pergunto-lhe: quão disposto você tem sido para arriscar em sua carreira? Para ensinar aqueles que estão em posições inferiores a também ocuparem seu lugar e quebrarem paradigmas?

Isso é o que define um Líder Protagonista. Eu mesma, que treino líderes, nunca passei pelo departamento de RH. Ainda assim, sempre me senti confortável em desenvolver pessoas, pois reconheço que a coragem para inovar muitas vezes significa abraçar caminhos alternativos e desafiar o *status quo*.

> *O verdadeiro Líder Protagonista olha para além das expectativas e limitações impostas. Ele vê o potencial onde outros veem barreiras.*
> **Carol Castro**

Ser um Líder Protagonista significa estar disposto a assumir riscos calculados e estar preparado para liderar por intermédio da inovação. Isso pode envolver quebrar paradigmas dentro da empresa e ir além dos métodos tradicionais para desenvolver pessoas e processos. Essa abordagem nos permite crescer e evoluir, tanto individual quanto coletivamente.

O aprendizado não acontece sem riscos, e é nesse ponto que a coragem se torna fundamental. A coragem de inovar envolve a audácia de experimentar novas soluções e a resiliência para persistir mesmo quando os resultados não são imediatos. Em minha trajetória, enfrentei inúmeros desafios que testaram minha capacidade de manter firme minha visão para minha equipe e os projetos que liderava. Isso só foi possível porque eu tinha clareza sobre o tipo de líder que era e sobre os resultados que poderia ajudar minha equipe a alcançar. Muitas vezes, nos vemos limitados pela cultura da empresa ou pela liderança que está diretamente acima de nós. Isso pode distrair você de exercer sua liderança com protagonismo e eficácia.

Fui confrontada com ceticismo quando propus métodos não convencionais ou quando escolhi pessoas para cargos que tradicionalmente não ocupariam. Cada uma dessas decisões foi um ato de coragem, baseado na convicção de que o potencial humano é vasto e muitas vezes subestimado.

Recordo-me de projetos em que a inovação era a chave para a nossa diferenciação no mercado. Foi necessário cultivar um ambiente em que a equipe sentisse segurança para inovar e o erro fosse visto como parte do processo de aprendizagem. Essa cultura de inovação permitiu-nos não apenas alcançar os objetivos estabelecidos, mas também superar as expectativas.

Como uma aprendiz contínua na jornada da liderança, encaro as mudanças do mercado não como barreiras, mas como convites para a inovação e o crescimento. Quando muitos veem incerteza, enxergo a oportunidade de repensar estratégias e realinhar os processos às novas necessidades dos clientes. A adaptação rápida e a flexibilidade são essenciais, e é isso que permite, não só sobreviver, mas prosperar em meio às transformações.

A você, líder em formação ou já estabelecido, pergunto: como está incorporando a inovação em sua liderança? Lembre-se, a coragem para inovar é mais crucial nos momentos turbulentos. São essas as ocasiões que realmente testam a liderança e onde a capacidade de inovar pode fazer toda a diferença.

Convido você para refletir sobre as oportunidades de inovação em sua área. Olhe além do que já foi realizado e questione-se:

- **O que mais posso fazer? Como posso liderar de uma forma que não apenas atenda, mas supere as expectativas e transforme minha equipe e minha organização?**

Adotar uma mentalidade de aprendizado contínuo e estar disposto a criar um ambiente seguro para o erro e a melhoria são passos cruciais nessa direção. Ao fazê-lo, não apenas liderará com conhecimento, mas também com sabedoria e empatia, qualidades indispensáveis para qualquer líder verdadeiramente transformador.

EMPATIA E HUMANIZAÇÃO

Ao longo da minha trajetória, descobri que liderar vai além das habilidades técnicas e estratégicas. Mais do que qualquer diploma ou título, o que verdadeiramente define um líder é a capacidade de se conectar com as pessoas.

Lembro-me bem de todas as minhas primeiras conversas com as novas equipes que tive a oportunidade de trabalhar. Nesse momento precisei muito mais dos meus ouvidos do que da minha boca. Não é sobre ter a ansiedade de apresentar um plano estratégico robusto. É sobre você conhecer as pessoas, honrar o que elas construíram até ali e propor melhorias por meio da sua visão.

Você, que está buscando aprimorar suas habilidades de liderança ou está embarcando agora nessa jornada, entenda que a empatia e a humanização são fundamentais. Delegar tarefas ou atingir metas não significa abrir mão de construir relacionamentos sólidos, promover um ambiente de confiança e incentivar o crescimento contínuo e coletivo.

Em cada desafio enfrentado, percebi que liderar é também aprender constantemente. Cada nova situação, cada problema resolvido e cada meta alcançada trazem lições valiosas. E é essa mentalidade de aprendizado contínuo que quero compartilhar com você e quero que compartilhe com sua equipe. O modelo mental de aprendiz é um cascateamento que acontece a partir do líder.

Lembre-se: liderar é uma jornada de constante evolução e descoberta. E, ao adotar esses valores, você estará não apenas liderando, mas também enriquecendo as vidas daqueles que têm a honra de guiar.

A liderança que pratico e ensino hoje no Instituto HOP é a extensão daquelas lições iniciais. É uma liderança que se baseia na convicção de que cada um de nós tem um potencial imenso a ser explorado e que a nossa tarefa enquanto líderes é criar o espaço para que esse potencial seja vivido.

Concluo que a verdadeira liderança não se trata de quão alto podemos chegar sozinhos, mas de quão longe podemos chegar quando caminhamos juntos. Se você pensa que pessoas, individualmente, podem trazer mais resultados que uma equipe, ainda não viveu o poder de entrega de uma equipe. E isso mudará ao longo desse livro. Você, líder, é responsável por fazer isso acontecer. Liderança é sobre construir uma cultura de respeito, abertura e cuidado, na qual cada um se sente valorizado e inspirado a dar seu melhor. E, acima de tudo, é sobre liderar com o coração tanto quanto com a mente, pois são os líderes que se permitem ser humanos que verdadeiramente inspiram e transformam.

Agora, olhando para trás, para cada passo dado, para cada história entrelaçada com a minha, vejo que liderar é mais do que conduzir uma equipe, é ser parte dela. É mais do que traçar metas, é entender as histórias por trás de cada contribuição. E mais do que tudo, é reconhecer que, em cada membro da equipe, há um universo de potencial a ser explorado.

Pergunte-se:

- **Como posso ser um líder? Como posso ser um catalisador de crescimento e um guardião de um ambiente em que cada um se sente visto, ouvido e compreendido?**

É nesse ambiente que a verdadeira mágica acontece, no qual a liderança transcende as expectativas, se torna uma força transformadora e resultados são superados.

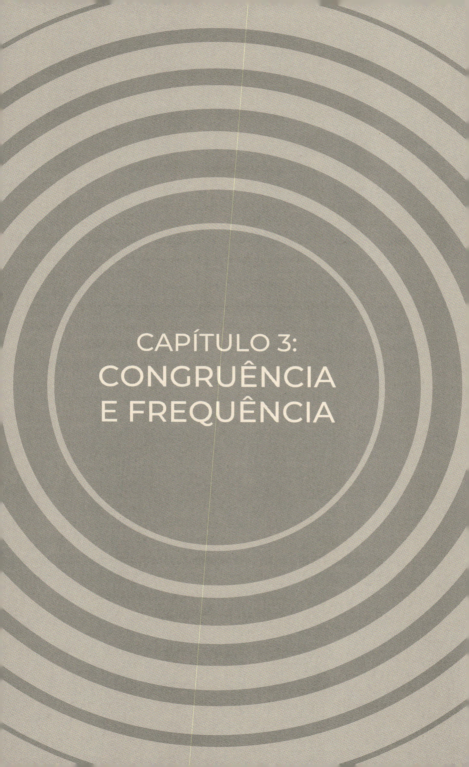

CAPÍTULO 3: CONGRUÊNCIA E FREQUÊNCIA

> *Não há nada tão poderoso quanto a atitude. Você é sua atitude e sua atitude é você. Se você não controlar sua atitude, ela o controlará.*
>
> **Myles Munroe**

Como você, também estive no ponto de partida, buscando meu caminho na liderança. Uma lição fundamental que aprendi é que a congruência não é apenas uma palavra elegante, mas a base de qualquer liderança com propósito. Quando as ações refletem fielmente as palavras, cria-se um ambiente de confiança e autenticidade.

Você já se perguntou se suas ações diárias realmente espelham seus valores mais profundos? Essa é uma pergunta que faço regularmente. A congruência é esse espelho refletindo o verdadeiro eu em cada decisão e interação. Para você, que busca ser um líder eficaz, comece cultivando essa autenticidade. Seja o líder que suas palavras descrevem, seja a mudança que quer ver em sua equipe.

Em qualquer jornada de liderança significativa, o verdadeiro desafio não reside apenas em manter a constância em tempos de calmaria, mas sim em preservar sua autenticidade e seguir a direção estabelecida, especialmente quando o mundo ao seu redor se encontra em plena turbulência, como metas não alcançadas, pressão desenfreada, falta de funcionários e projetos não aprovados.

Para você, que está lendo estas palavras e buscando moldar a própria jornada de liderança, pense na frequência como sua assinatura pessoal – algo que você deixa consistentemente em cada projeto, equipe e desafio que enfrenta. É o compromisso inabalável com seus valores, uma promessa silenciosa de que, independentemente das circunstâncias, você permanecerá fiel ao seu norte.

O fato de não se atentar à marca que tem deixado em seus liderados não significa que não esteja a deixando. Portanto, é melhor que essa assinatura, essa marca, comece a ser intencional.

A congruência e a frequência não são meramente teóricas, são vividas e respiradas em cada aspecto da liderança. Em minha experiência, combiná-las não apenas fortaleceu minha posição como líder, mas também inspirou aqueles ao meu redor a seguir o mesmo caminho.

Agora, convido você para refletir sobre como pode integrar esses conceitos em sua liderança. Não se trata apenas de aplicar uma fórmula, mas de embarcar em uma jornada de autodescoberta e compromisso. Seja observando suas ações diárias, buscando *feedback* sincero ou apenas reservando um momento para alinhar suas ações com seus valores mais profundos, cada passo conta.

Entenda: tornar-se um líder de impacto exige dedicação constante e aprendizado incessante. Congruência e frequência devem ser suas ferramentas diárias. Adote-as e você se tornará não só um líder eficaz, mas também um verdadeiro agente de transformação.

CAPÍTULO 4:
AUTOLIDERANÇA

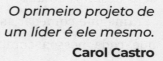

*O primeiro projeto de
um líder é ele mesmo.*
Carol Castro

A autoliderança é o alicerce sobre o qual constrói sua influência e impacto como líder. Ao compreender e aplicar conceitos como autoconhecimento, autenticidade, conexão e vulnerabilidade, eleva sua capacidade de liderar e inspira aqueles ao seu redor. Lembre-se, o maior projeto que você liderará é a própria vida, e este caminho começa com a coragem de olhar para dentro e o compromisso de evoluir constantemente.

Na sua jornada, descobrirá que liderar é menos sobre posição e mais sobre ser. Cada interação, cada decisão, cada reflexão é uma chance de praticar autoliderança. Ao se conectar autenticamente com a equipe, você fortalece os laços e cria um ambiente no qual confiança, respeito e excelência prosperam.

LÍDER, LIDERE

Uma das maneiras mais eficazes de aplicar esses conceitos é pela prática de *check-in*, um método que valorizo e recomendo enfaticamente. Não se trata apenas de um momento, mas de uma oportunidade rápida e valiosa para compreender verdadeiramente como cada membro da equipe está se sentindo e quais são seus desafios atuais.

Imagine começar as reuniões com uma pausa para que cada pessoa compartilhe seu estado emocional e mental, além de suas expectativas. É um momento para focar no presente, na equipe reunida, pronta para colaborar e crescer de forma conjunta. Ao perguntar "como você está hoje?" e participar ativamente compartilhando as próprias experiências e desafios, você cria um ambiente de confiança e modela a importância de autoconhecimento e autenticidade. Além disso, consegue medir a temperatura do time que participará da reunião e adequar seu tom à mensagem que precisa ser passada. Permita-se escutar ativamente a resposta do *check-in* de cada colaborador e, como um Líder Protagonista, se adaptar às informações que cada um trouxe. Trata-se de olhar mais para a necessidade do outro do que para a própria.

O *check-in* é uma ferramenta poderosa para conhecer melhor sua equipe, conectar-se em um nível mais humano e criar um espaço em que todos se sintam ouvidos e valorizados. Ao praticar regularmente, melhora a comunicação e a empatia, construindo uma equipe mais forte e unida, pronta para enfrentar os desafios juntos.

Portanto, eu te desafio a adotar a autoliderança não apenas como uma prática, mas como um estilo de vida. Permita que essa jornada transforme você e o prepare para inspirar, guiar e impactar positivamente as vidas daqueles que tem a honra de liderar. Afinal, o verdadeiro poder da liderança reside na capacidade de catalisar o potencial ilimitado em si mesmo e nos outros.

AUTOCONHECIMENTO E CONEXÃO

Vamos começar uma jornada juntos rumo à autoliderança, e tudo começa com o autoconhecimento. Quem é você como líder? Conhecer a si mesmo vai além de entender suas preferências e aversões, é mergulhar profundamente em motivações, medos e potencialidades. É entender como sua imagem reflete na sua equipe.

Agora, convido você para refletir.

- **Como suas ações, suas palavras e até seu silêncio influenciam aqueles que você lidera?**

- **Como suas lutas, vitórias e desafios se refletem em sua equipe?**

LÍDER, LIDERE

Você é um espelho para seus liderados, e o que reflete tem o poder de transformar ou estagnar. Entender isso faz perceber que o que reclama na sua equipe hoje, em geral, começa em você, na sua presença ou na sua ausência como líder. Por isso, você é seu primeiro projeto; ao se transformar, testemunhará a transformação do seu time.

A verdadeira conexão com sua equipe começa quando você se reconhece autenticamente, com todas as suas falhas e vulnerabilidades. Não se trata de ser perfeito, mas sim de ser real, de ser humano. O perfeito não cria conexões nem gera empatia.

A capacidade de se conectar autenticamente com você mesmo é a chave para uma liderança eficaz. Não basta conhecer as técnicas e estratégias, é necessário conhecer-se profundamente, reconhecer as próprias falhas e estar disposto a compartilhar e crescer.

Quando você olha para dentro, para as próprias raízes, começa a entender sua verdadeira essência da liderança. Como líder, você é o solo fértil no qual sua equipe deve crescer e florescer. Nutrir esse solo com autoconhecimento e conexão autêntica é o que permite que todos prosperem juntos.

Portanto, eu te desafio a se olhar no espelho, não apenas para ver a imagem refletida, mas para enxergar além dela. Veja o líder que você é e o líder que deseja se tornar. Reconheça que, antes de liderar qualquer um, precisa liderar a si mesmo com coragem, empatia e humildade. Como pretende liderar a transformação e o desenvolvimento em outra pessoa se não consegue fazer isso em si mesmo? Isso é um sintoma claro de falta de congruência.

Lembre-se, a jornada da autoliderança é contínua e repleta de aprendizados. Ao se conhecer e se conectar verdadeiramente consigo mesmo, estará abrindo as portas para uma liderança não apenas eficaz, mas profundamente transformadora.

Agora, para aprofundar esse entendimento, quero deixar um exercício para que reflita profundamente.

- **Quem é você como líder? Não na superfície, mas nas profundezas de suas ações e reações?**

- **Quando alguém erra, você é o líder que permite tentativas novamente, ou é rápido em assumir o controle?**

Sua abordagem fala muito sobre o tipo de conexão que estabelece com sua equipe.

Pense em um momento simples: uma criança machucada.

- **Quem é você nessa situação? É aquele que primeiro cuida do machucado e depois investiga a causa, ou é o que repreende primeiro para depois oferecer conforto?**

Sua ordem de ação revela muito sobre seu estilo de liderança. Líderes que priorizam o cuidado e a resolução do problema, da dor, geralmente constroem ambientes mais seguros e propícios ao crescimento.

- **E sobre os erros óbvios, aqueles que você vê de longe? Como reage quando acontecem?**

Sua reação pode ser o diferencial entre uma equipe que teme compartilhar erros ou uma equipe que se sente segura para aprender e aplicar o famoso ciclo de melhoria contínua com rapidez. Líderes que criam espaço para erros e aprendizado constroem equipes resilientes e inovadoras.

- **Então, quem tem sido você como líder?**

Reflita sobre isso. Escreva, pense, reavalie. Sua jornada de autoliderança começa com a honestidade em reconhecer quem você é e quem deseja ser.

E lembre-se, conectar-se verdadeiramente com sua equipe começa quando os membros não têm medo de você, mas sim confiam que, juntos, podem superar qualquer erro e transformá-lo em aprendizado.

Quanto tem custado o silêncio da sua equipe, pelo simples medo de errar?

Exercício: Quem é você?

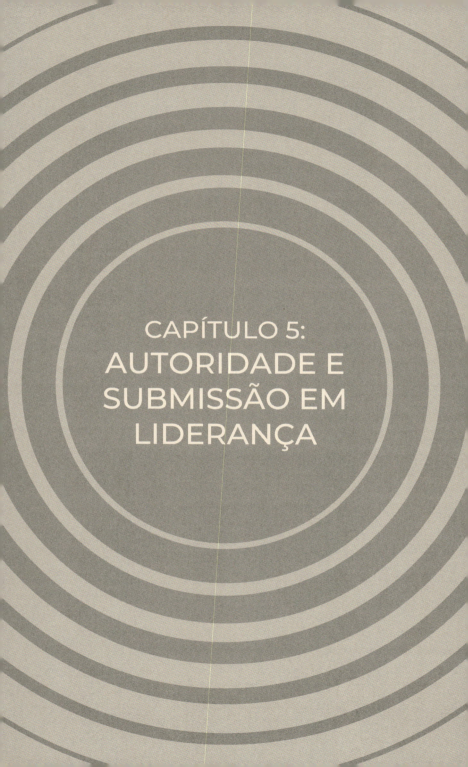

CAPÍTULO 5: AUTORIDADE E SUBMISSÃO EM LIDERANÇA

A raiz da autoridade na liderança é
a mesma raiz da submissão.
Carol Castro

A liderança eficaz se revela quando compreende que a autoridade de um cargo é apenas um instrumento para mobilizar e inspirar, não o objetivo final. Ao serem promovidos, muitos celebram o prestígio e poder que acompanham um novo título. Eles podem acreditar que a obediência e a submissão da equipe são automaticamente garantidas. Porém, a essência real da liderança está em sua capacidade de entender e manejar a complexa dinâmica entre autoridade e submissão.

Submissão, frequentemente vista de forma equivocada como passividade, na verdade, é a disposição em harmonizar sua missão com a de outra pessoa. É um gesto de confiança e respeito, uma decisão consciente de seguir alguém cuja visão e integridade são dignas de admiração. Da mesma forma, a autoridade deve ser

LÍDER, LIDERE

usada não para impor obediência, mas para inspirar, colaborar e direcionar.

Um verdadeiro líder é reconhecido quando as pessoas confiam nele a ponto de se submeterem voluntariamente à sua liderança. Ele não está lá apenas para comandar, mas para servir a equipe, fomentando um ambiente que propicia desenvolvimento e sucesso coletivo. Liderar não é sobre dominar, mas sim sobre direcionar e desenvolver pessoas, incentivando cada uma a superar as expectativas, não por obrigação, mas movidas pelo desejo genuíno de contribuir para algo maior.

Considere os amigos pelos quais você faria um esforço extra, ou os líderes que o fazem querer contribuir mesmo após um dia exaustivo. Essa vontade surge não de uma obrigação, mas de um relacionamento baseado em respeito mútuo e admiração. Da mesma forma, um líder eficaz é aquele que, mais do que demandar, está pronto para servir e se adaptar às necessidades e ao bem-estar de sua equipe.

A liderança é, portanto, um serviço. É estar disposto a servir um café para um colega, oferecer suporte e encorajamento, chegar mais cedo ou sair mais tarde para ajudar um colega, reconhecer e valorizar o extraordinário. É compreender o poder que temos sobre as vidas daqueles que cruzam nosso caminho e escolher usar esse poder para cooperar, desenvolver e inspirar.

Outro ponto a ser considerado nessa relação de submissão e autoridade é como sua equipe te observa responder à liderança que está acima de você. Em outras palavras, cada vez que reclama ou simplesmente desabafa com sua equipe sobre seu líder ou alguma regra da empresa com a qual não concorda, está influenciando-a a adotar a mesma atitude em relação às próprias orientações. Portanto, a base de sua autoridade como líder provém da sua postura de submissão. Esteja atento aos detalhes.

O legado de um líder não é medido apenas pelos resultados imediatos ou pelo cumprimento de metas, mas pelo impacto duradouro deixado nas pessoas. Se você, como líder, não está deixando um legado, questione se está realmente liderando. Liderar é sobre marcar positivamente as vidas, sobre transformar potenciais em realidades brilhantes, sobre deixar uma marca de desenvolvimento, respeito e resultado.

Na sua jornada como líder, é crucial refletir sobre as marcas que está deixando em sua equipe. Um líder que realmente compreende o significado de sua autoridade reconhece que seu papel vai além de comandar, é capacitar. Entenda que a submissão não deve ser uma exigência, mas sim uma resposta natural à confiança e ao respeito que cultiva diariamente. E sim, se você está identificando que hoje sua equipe não te respeita, precisa avaliar como tem sido visto por eles, como tem impactado a vida de cada um.

Em cada interação, *feedback* e decisão, você tem a oportunidade de fortalecer ou enfraquecer o vínculo com sua equipe. Liderar ultrapassa a gestão de tarefas e resultados, toca o cerne da experiência humana, influenciando sonhos, aspirações e o sentimento de valor de cada membro da equipe. Pergunte-se:

- **Que tipo de impacto quero ter nas pessoas que lidero?**

A responsabilidade de formar e desenvolver pessoas é uma das missões mais nobres para você como líder. Mostrando genuíno interesse e comprometimento com o crescimento da equipe, não apenas constrói uma base mais forte, mas também cultiva futuros líderes. Este é o ciclo virtuoso da liderança: líderes que formam líderes em uma corrente contínua de aprendizado e desenvolvimento.

É essencial estar atento ao poder de suas palavras e ações. Uma explosão momentânea pode parecer justificada, mas é importante considerar o impacto deixado na pessoa que recebeu a advertência. Como líder, seu dever é buscar constantemente formas de comunicar de maneira construtiva, mesmo nas situações mais desafiadoras. Quando não conseguir – porque vou te adiantar que não conseguirá sempre –, é importante pensar em como manter a congruência. Para mim, em todas as vezes que saí do meu prumo, voltei e pedi desculpas. Você deve encontrar a própria maneira de sustentar a congruência de liderança.

O verdadeiro poder de um líder é medido pela capacidade de transformar desafios em oportunidades de aprendizado e crescimento, tanto para si mesmo quanto para sua equipe. Liderar é um ato de equilíbrio entre dar e receber, falar e ouvir, instruir e aprender. É um caminho pavimentado com humildade, empatia e uma busca incansável pelo melhor em cada indivíduo. Comprometendo-se com essa jornada, você não apenas alcança metas e resultados, mas os transcende, deixando um legado de resiliência, compaixão e excelência.

CAPÍTULO 6:
RÓTULOS E AUTOIMAGEM

Sua atitude é a manifestação
de quem você pensa que é.
Myles Munroe

A jornada para uma liderança efetiva é, essencialmente, uma jornada de autodescoberta e impacto. Permita-me compartilhar uma história pessoal que ilustra claramente esse percurso. No início da minha carreira como líder, experimentei um rápido avanço profissional. Como dentista liderando engenheiros, vi meu ego inflar. Estava imersa em responsabilidades e prestígio, sendo a única dentista a liderar uma equipe de engenheiros e a única com um título de doutorado. Essa realidade me proporcionava inúmeros motivos para me sentir acima da curva.

Entretanto, durante uma reunião crítica, um atraso na entrega por parte de um membro de outra equipe me levou a um ponto de ruptura, fazendo-me explodir em um ato impensado, impulsionado pela frustração.

LÍDER, LIDERE

Esse episódio desencadeou uma série de eventos que me fizeram repensar profundamente o tipo de líder que desejava ser.

Essa experiência foi um momento decisivo, levando-me a refletir sobre os rótulos que carregamos e como influenciam nossas ações. Os rótulos são as percepções e expectativas que temos de nós mesmos e que os outros têm sobre nós. Eles podem ser tanto empoderadores quanto limitantes. Naquele momento, meu rótulo como líder autoritária veio à tona, mas percebi que poderia alterá-lo, ajustando as doses dos componentes desse rótulo. A verdadeira liderança significa escolher equilibrar nossos aspectos genuínos para adotar rótulos que refletem respeito, empatia e a capacidade de inspirar.

A autoimagem é como vemos a nós mesmos, e influencia diretamente nossas atitudes e comportamentos. Naquele dia, minha autoimagem como uma líder inquestionável foi desafiada. Aprendi que liderança genuína significa reconhecer a necessidade de alinhar essa autoimagem com valores de respeito, colaboração e empatia. É entender que o verdadeiro líder ajusta a "dose" de seu comportamento para liderar com eficácia e cuidado. Se não fosse capaz de fazer isso por mim mesma, como inspiraria meus liderados a se transformarem?

A liderança genuína não se resume a uma lista de características a serem adotadas, é uma compreensão profunda e um constante ajuste de nossa natureza para liderar de forma autêntica. Um dos grandes segredos deste livro é que sua melhor versão como líder deve ser algo sustentável para você, envolvendo a habilidade de saber quando ser firme, mas não opressivo, energético e focado em soluções, ao mesmo tempo mantendo o autocontrole.

- **Então, qual é o rótulo que você, como líder, escolhe para si mesmo?**
- **Como ajusta a dose de sua liderança para ser eficaz sem ser opressor?**
- **Como você se mantém fiel à sua essência enquanto se adapta às necessidades de sua equipe?**

São essas perguntas que devemos nos fazer constantemente em nossa jornada de liderança.

Liderar é equilibrar a forma como nos vemos e como desejamos ser vistos. É reconhecer que nossa atitude é um reflexo de nossa autoimagem e um determinante poderoso de como somos percebidos e respeitados pela equipe. Será que as características que temos orgulho hoje são realmente dignas disso? Elas têm impactado positivamente o resultado de nossa equipe?

LÍDER, LIDERE

Como enfatizado anteriormente, a essência de uma liderança impactante reside na congruência e frequência que reverberam positivamente em cada aspecto da vida, seja no âmbito profissional ou pessoal. Nesse contexto, é fundamental que as ações se destaquem e falem mais alto do que as palavras.

Ou seja, sua jornada como líder é uma oportunidade constante de refletir, ajustar e alinhar autoimagem e rótulos, assegurando que reflitam a influência positiva e inspiradora que você deseja ter. É um convite para liderar com autenticidade, compaixão e um compromisso inabalável com o crescimento de todos ao seu redor. Seu exemplo pessoal é um guia poderoso para outros que estão trilhando o caminho da liderança.

Como líder, você tem o poder não apenas de guiar, mas também de transformar. A experiência que compartilhei, na qual fui confrontada pela possibilidade de uma denúncia ao RH por meu comportamento impulsivo, foi um divisor de águas. Confrontada com as consequências de minhas ações, tive que escolher entre a defesa do meu ego ou o crescimento pessoal. Optei por pedir desculpas e enfrentar as consequências. Essa decisão não apenas reparou uma relação danificada, mas também me transformou profundamente como líder.

Essa transformação vem da compreensão de que nossos atos têm um impacto real nas pessoas ao nosso redor. A liderança é um reflexo direto da autoimagem e dos rótulos que aceitamos ou rejeitamos para nós mesmos. Quando nos vemos como infalíveis, corremos o risco de ignorar o bem-estar daqueles que lideramos. Por outro lado, quando reconhecemos nossas falhas e nos esforçamos para melhorar, nos tornamos líderes mais empáticos, respeitosos e eficazes.

A liderança genuína exige que sejamos honestos sobre quem somos e quem queremos ser. Requer uma avaliação constante de nossas ações e de suas consequências. Para efetivamente ajustarmos nossa abordagem, precisamos compreender profundamente nossa composição e trabalhar para aprimorá-la. Isso significa reconhecer quando nossas ações não refletem nossos valores e fazer o esforço consciente para mudar. Especialmente nossas ações em momentos de descontrole, que revelam muito sobre nossa verdadeira natureza de liderança.

Assumir seus rótulos não significa resignar-se a eles, significa reconhecer suas características inatas e trabalhar para moldá-las de maneira que beneficiem você e sua equipe. A diferença entre remédio e veneno está na dose, e ajustar essa dose é um trabalho contínuo e consciente.

> *A diferença entre o remédio
> e o veneno está na dose.*
> **Paracelso, séc XVI**

Por fim, sua atitude é a manifestação mais clara de quem você pensa que é. Como líder, suas ações e palavras são amplificadas. Elas têm o poder de moldar, construir ou destruir. A escolha é sua. Ao se comprometer com uma liderança genuína e autêntica, não apenas alcança seus objetivos e supera desafios, mas também deixa um legado de crescimento, compaixão e excelência. Seja o líder pelo qual você quer ser lembrado.

O PODER DA ATITUDE

Compreendendo a importância de rótulos e autoimagem, é essencial também abordar o papel vital que a atitude desempenha na liderança. Myles Munroe disse uma vez:

> *Não há nada tão poderoso quanto
> a atitude. Você é sua atitude e
> sua atitude é você. Se você não
> controlar sua atitude,
> ela o controlará.*

Essas palavras ressoam profundamente no contexto da liderança, no qual a atitude não apenas reflete, mas também define a trajetória e o impacto de um líder.

Uma atitude positiva e construtiva é o motor que impulsiona a liderança eficaz. É o que diferencia líderes inspiradores de gestores meramente operacionais. A atitude de um líder reverbera pela equipe, influenciando a moral, a motivação e a eficácia geral.

> *A atitude de um líder define*
> *a cultura do seu time.*
> **Carol Castro**

Quando um líder escolhe uma atitude de respeito, empatia e abertura para o aprendizado, estabelece um ambiente em que a confiança floresce e as metas são alcançadas com cooperação e entusiasmo.

No entanto, a atitude de um líder não é algo que se possa simplesmente decidir e esquecer. É um aspecto dinâmico da personalidade e da liderança que deve ser constantemente monitorado e ajustado. Líderes eficazes estão sempre atentos às suas atitudes e ao impacto que elas têm sobre as pessoas ao seu redor. Eles sabem que uma atitude negativa ou reativa pode minar a confiança, diminuir a moral e impedir o sucesso da equipe.

LÍDER, LIDERE

Refletir sobre os rótulos que você carrega e a imagem que tem de si mesmo é um bom começo para entender sua atitude predominante. Por exemplo, se você se vê como alguém que precisa controlar cada situação, isso pode se manifestar em uma atitude autoritária que inibe a criatividade e a iniciativa da equipe. Por outro lado, ao regular a dose, pode se posicionar como um maravilhoso moderador e direcionador de discussões, com foco em definir ações.

Seu papel como líder requer que esteja consciente do poder de sua atitude e que faça escolhas deliberadas sobre a atitude que deseja manifestar. É um processo contínuo de autoavaliação, aprendizado e ajuste.

Se não controlar sua atitude, ela controlará você e, por extensão, sua liderança e sua equipe.

Portanto, ao refletir sobre sua jornada de liderança e o legado que deseja deixar, pergunte-se:

- **Qual atitude estou escolhendo hoje? Ela reflete o líder que quero ser?**

É importante lembrar que a atitude que você adota como líder tem um impacto significativo não só em sua equipe, mas também na percepção que os outros têm de sua liderança. Cada momento de pressão, cada desafio enfrentado, e cada obstáculo superado são oportunidades para demonstrar a força e a resiliência de sua atitude. Como líder, você é o modelo a ser seguido, e sua atitude em tempos difíceis define o tom para toda a equipe.

A história pessoal compartilhada anteriormente, em que um momento de explosão levou a uma profunda reflexão e mudança, é um testemunho poderoso do impacto que uma única atitude pode ter. A escolha de se desculpar e buscar reconciliação não foi apenas um ato de humildade, e sim uma demonstração de liderança responsável e consciente. Foi uma decisão que não apenas reparou um relacionamento, mas também fortaleceu a confiança e o respeito com todos ao meu redor, incluindo minha equipe.

No entanto, ajustar sua atitude não significa simplesmente reprimir emoções ou ignorar características intrínsecas. Pelo contrário, é sobre reconhecer suas tendências naturais e trabalhar para canalizá-las de maneira produtiva e positiva. É sobre compreender suas emoções, reconhecer seus gatilhos e aprender a responder, em vez de reagir. Uma liderança eficaz não é isenta de emoção, é uma liderança que compreende e gerencia essas emoções de forma saudável e construtiva.

LÍDER, LIDERE

Além disso, sua atitude como líder também envolve a maneira como você encara o desenvolvimento pessoal e profissional. Líderes eficazes são aprendizes contínuos, sempre buscando expandir seu conhecimento, melhorar suas habilidades e aprofundar sua compreensão das pessoas que lideram. Eles veem cada desafio como uma oportunidade de crescimento e cada erro como uma lição valiosa. Sua atitude em relação à aprendizagem e ao desenvolvimento não só beneficia você, mas também serve como um exemplo inspirador para sua equipe.

Em conclusão, a atitude que você adota como líder molda não apenas sua trajetória, mas também a de sua equipe. Ela é um reflexo de sua autoimagem, influencia seus rótulos e determina a eficácia de sua liderança.

Portanto, comprometa-se a cultivar uma atitude que reflita os valores de respeito, empatia, resiliência e aprendizado contínuo. Seja o líder que, pela sua atitude, inspira confiança, motiva a excelência e conduz sua equipe a alcançar realizações extraordinárias. Afinal, como Myles Munroe sabiamente observou, sua atitude não é apenas parte de quem você é, ela define quem você é e quem você pode se tornar.

Exercício: Rótulo e autoimagem

Este exercício é uma forma de medir o alinhamento entre como você é percebido e como gostaria de ser percebido. As respostas podem iluminar o caminho para seu crescimento e desenvolvimento como líder. Então, concentre-se e responda às perguntas a seguir.

Se eu fosse receber um rótulo como líder, o que estaria escrito?

_____

_____

_____

_____

_____

Qual rótulo eu gostaria de receber?

_____

_____

_____

_____

_____

Exercício: Atitude

A liderança eficaz é construída a partir de atitudes conscientes e alinhadas com os valores e objetivos organizacionais. Para líderes atuais e emergentes, independente do nível que esteja, é crucial entender o impacto de suas ações no ambiente corporativo e na equipe. Este exercício propõe uma reflexão sobre as atitudes que devem ser cultivadas, modificadas ou mantidas.

Você encontrará três segmentos para serem preenchidas: PARAR, COMEÇAR e CONTINUAR. Seu desafio é identificar e registrar.

- **PARAR:** atitudes que, após cuidadosa reflexão, você reconhece que podem estar limitando seu potencial de liderança ou a eficiência de sua equipe. Quais comportamentos decide eliminar para melhorar a dinâmica de trabalho e a performance do grupo?

- **COMEÇAR:** comportamentos que você ainda não adotou, mas que percebe serem fundamentais para reforçar sua liderança e estimular o desenvolvimento de sua equipe. Que novas atitudes está disposto(a) a incorporar para se tornar um líder mais inspirador e alinhado aos valores da empresa?

- **CONTINUAR:** práticas que já fazem parte de seu estilo de liderança e que têm um impacto positivo em sua equipe. Quais são as atitudes que deseja preservar e potencializar para manter uma liderança sólida e respeitada?

O exercício é uma oportunidade para reavaliar e ajustar seu percurso na jornada da liderança. Seja sincero(a) e preciso(a) em suas escolhas. As ações que opta por interromper, iniciar ou manter devem refletir o líder que você é e o líder que deseja ser. Sugiro que escolha 2 ou 3 pessoas para também preencherem esses segmentos sobre você. Suas respostas podem revelar pontos cegos em sua abordagem.

PARAR

_____

_____

_____

_____

_____

_____

_____

_____

LÍDER, LIDERE

COMEÇAR

CONTINUAR

*Cultura come a estratégia
no café da manhã.
Comportamento come
a cultura no almoço.*
Mohammad Anwar

Uma liderança eficaz se baseia no entendimento sólido da cultura e do comportamento organizacional. Esses elementos são cruciais para formar a essência de uma equipe bem-sucedida.

Uma boa liderança entende que a cultura organizacional não é algo fixo, mas sim um conjunto de práticas, crenças e valores que guiam como os membros da equipe interagem e trabalham juntos. Comportamento, por outro lado, é a manifestação externa dessa cultura, observável nas ações diárias de cada indivíduo na equipe. A forma como esses aspectos são gerenciados e comunicados pelo líder pode fortalecer ou enfraquecer toda a estrutura da equipe. Aqui é importante perceber que não estamos falando apenas da comunicação verbal, como

LÍDER, LIDERE

também da comunicação não verbal, que, a propósito, é a primeira a ser percebida.

Portanto, pode-se dizer que uma comunicação efetiva pode ser a chave para entender, moldar e melhorar a cultura e o comportamento dentro de uma organização, levando a resultados mais robustos e ao desenvolvimento de uma equipe coesa e engajada.

A cultura organizacional transcende as palavras e se manifesta na realidade do dia a dia de uma empresa. É o tecido que une práticas, crenças e valores de todos os membros da equipe, moldando o ambiente de trabalho e influenciando diretamente o desempenho e a satisfação de cada um. Cultura organizacional não é apenas o que está escrito na missão, visão ou valores da empresa. É o que realmente acontece quando as decisões são tomadas, quando os desafios surgem e como as pessoas se tratam no cotidiano. É o clima que se respira, a energia que se sente ao entrar no ambiente de trabalho e a maneira como os problemas são enfrentados e celebrados.

Cada interação, cada tarefa realizada e cada *feedback* dado contribuem para moldar a cultura organizacional. As práticas cotidianas, que vão desde as mais simples até as mais significativas, servem como manifestações visíveis dos comportamentos que são valorizados e desencorajados. Elas representam os valores fundamentais da empresa em ação e têm um impacto direto na maneira como a equipe trabalha e colabora, influenciando diretamente os resultados das ações de cada indivíduo. Quando priorizamos o respeito mútuo, a transparência e o reconhecimento das contribuições individuais, criamos um ambiente que estimula o crescimento tanto pessoal quanto coletivo. A cultura de uma empresa é uma narrativa em constante evolução, sendo escrita pelas relações, escolhas e experiências compartilhadas ao longo do tempo.

Vou dar um exemplo prático: considere as mensagens enviadas fora do horário comercial. Essas mensagens podem refletir uma expectativa de disponibilidade constante e, em última instância, criar um ciclo insustentável de trabalho ininterrupto. No entanto, quando as comunicações são realizadas respeitando o horário de trabalho, isso demonstra uma cultura que valoriza o equilíbrio entre a vida pessoal e profissional. Quero deixar claro que não estou falando de situações excepcionais, como forças-tarefa inevitáveis ao longo da jornada, mas sim do dia a dia normal de trabalho.

Você, líder, desempenha um papel fundamental na modelagem da cultura. Não é suficiente proclamar valores, é necessário demonstrá-los consistentemente. Isso solidifica a cultura existente e pavimenta o caminho para a adoção de novos comportamentos e práticas que se alinham com os objetivos. A cultura organizacional oscila entre o que já está estabelecido e o que está emergindo, entre o estado atual e o futuro aspirado.

Líderes desempenham um papel crucial na definição e manutenção da cultura organizacional. Não basta apenas anunciar valores ou escrevê-los em uma placa na entrada do escritório. A verdadeira liderança exige a encarnação desses valores em cada decisão, cada interação e cada plano de ação. É um exercício diário de viver aquilo que se prega, uma prática que reforça a cultura já existente e serve de exemplo para toda a equipe.

Demonstrar valores consistentemente é mais do que uma ação isolada, é uma série de escolhas e comportamentos que, ao longo do tempo, solidificam a fundação sobre a qual a cultura organizacional é construída. Isso significa escolher a honestidade mesmo quando ela é desconfortável, escolher a integridade mesmo quando ninguém está observando, escolher a empatia mesmo em momentos de tensão.

Esse comprometimento contínuo com os valores estabelecidos não apenas fortalece a cultura atual, mas também abre portas para a evolução e adaptação. À medida que a organização cresce e se desenvolve, novos desafios e oportunidades surgirão. Uma liderança efetiva reconhece e abraça essas mudanças, guiando a equipe na adoção de novos comportamentos e práticas que estejam alinhados com os objetivos em evolução da empresa. É uma dança delicada entre preservar o núcleo da cultura organizacional e permitir que ela evolua e se adapte às novas realidades.

COMUNICAÇÃO EFETIVA E CULTURA DE VULNERABILIDADE

Comunicação efetiva é mais do que um elemento--chave na construção de uma cultura organizacional sólida e positiva, é uma arte e uma ciência que transcende o simples ato de falar. É sobre criar um ciclo completo de comunicação no qual não apenas as mensagens são enviadas, mas também recebidas e compreendidas. Frequentemente, a comunicação é filtrada pelas nossas lentes, baseada em quem somos, não necessariamente considerando quem está do outro lado. Isso pode levar a mal-entendidos e frustrações, afetando negativamente a cultura que estamos tentando construir.

Por exemplo, em uma reunião em que um novo sistema está sendo implementado, em vez de apenas apresentar os recursos técnicos, um líder eficaz explorará como essa mudança afetará a equipe em um nível prático e emocional. Ele encorajará perguntas, a expressar empatia por quaisquer preocupações e reforçar como a mudança alinha com os valores e objetivos da equipe.

Além disso, uma comunicação efetiva é fundamental para estabelecer uma cultura na qual a vulnerabilidade é vista como uma força.

Criar um ambiente em que as pessoas se sintam seguras para compartilhar ideias, admitir erros e expressar preocupações é vital para crescimento e inovação.

Quando líderes dão o exemplo, mostrando a própria vulnerabilidade, estabelecem um padrão que encoraja os outros a fazerem o mesmo.

Por exemplo, quando um líder compartilha abertamente um erro que cometeu e como aprendeu com ele, isso sinaliza para a equipe que está tudo bem em falhar e que o mais importante é o foco na solução e na melhoria contínua.

A vulnerabilidade, portanto, não é apenas sobre admitir falhas, é sobre criar um espaço em que todos se sentem confiantes para contribuir com as melhores ideias e habilidades.

A cultura de uma organização é um reflexo direto de suas lideranças. Líderes que praticam a comunicação efetiva e acolhem a vulnerabilidade não apenas comunicam a seus times o que é importante, mas também demonstram pelas ações diárias. Eles estabelecem um padrão de comportamento que incentiva a abertura, a confiança e o respeito mútuo. Isso resulta em uma equipe mais coesa, mais adaptável e mais preparada para enfrentar os desafios que surgirem. Implementar esses elementos não significa abrir mão do que é inegociável para o líder, mas sim construir e demonstrar o benefício do crescimento da equipe a partir da vivência desses princípios inegociáveis. É inevitável que a cultura do time se adapte ao líder, ou seja, a mudança de liderança reflete na mudança da cultura da equipe, mesmo sob a mesma cultura organizacional.

Líderes são, sem dúvida, os arquitetos da cultura do time. Eles devem fazer mais do que apenas anunciar valores, devem vivê-los e demonstrá-los em todas as interações. Isso não só solidifica a cultura existente, mas também prepara o terreno para a incorporação de novos comportamentos e práticas alinhadas com os objetivos da organização.

A consistência na demonstração desses valores fortalece a fundação da cultura do time, tornando-a mais resistente às mudanças e desafios inevitáveis.

Em resumo, a comunicação efetiva e a cultura de vulnerabilidade são mais do que conceitos abstratos, são práticas tangíveis que líderes devem incorporar para fomentar um ambiente de trabalho dinâmico, saudável e produtivo. Ao se comprometer com esses princípios, líderes não apenas constroem uma cultura do time forte, mas também inspiram seus times a alcançar novos patamares de sucesso e satisfação.

Se você, como líder, não está deixando um legado, então não está liderando.
Carol Castro

CAPÍTULO 8: ENTENDENDO PERFIS COMPORTAMENTAIS

Ao longo da minha experiência em liderança, descobri que entender os perfis comportamentais é crucial para uma comunicação eficaz e uma gestão eficiente. Entre as várias ferramentas disponíveis, duas se destacam como minhas preferidas: The Big Four e o DISC. Cada uma delas proporciona *insights* valiosos sobre os pensamentos, ações e comunicações das pessoas. Essas ferramentas não apenas melhoram a liderança, mas também enriquecem a dinâmica de toda a equipe.

The Big Four analisa quatro grandes dimensões da personalidade, revelando preferências e tendências que influenciam as respostas individuais a diferentes situações. O DISC, por outro lado, fornece uma visão detalhada dos comportamentos e emoções, permitindo um entendimento mais profundo das motivações e necessidades individuais. Com essas ferramentas, a comunicação pode ser adaptada para atender às diversas maneiras como a mensagem será recebida, aumentando assim a clareza e a eficácia.

É importante lembrar que, embora The Big Four e o DISC sejam minhas ferramentas preferidas, elas não são necessariamente ideais para todos. Cada líder e equipe são únicos, e pode haver outras ferramentas de análise comportamental que se encaixem melhor em diferentes contextos e necessidades. O vasto universo de ferramentas disponíveis oferece uma riqueza de opções para explorar e encontrar o que melhor se adapta à própria prática de liderança e ao perfil de sua equipe.

Compreender e aplicar essas análises não é apenas sobre gerenciar pessoas, é sobre criar um ambiente no qual cada membro da equipe se sinta entendido e valorizado. Isso é especialmente importante durante a implementação de novas práticas, em que a resistência pode muitas vezes ser atribuída a uma falta de compreensão. Ajustando a comunicação para alinhar com os perfis comportamentais, a aceitação e o engajamento podem ser significativamente melhorados.

THE BIG FOUR

O The Big Four é uma metodologia de análise comportamental, uma ferramenta que classifica os padrões de comportamento em quatro arquétipos fundamentais, presentes em qualquer ambiente de trabalho: Sonhador, Pensador, Amante e Guerreiro. Cada um desses arquétipos é dotado de características únicas e modos de interação que os distinguem e os tornam peças-chave na engrenagem da sua equipe. Esta metodologia é descrita detalhadamente no livro *Winning from Within,* de Erica Ariel Fox.

Entender o The Big Four é essencial para você, já estabelecido na liderança, ou que busca aprimorar a compreensão sobre comportamento e comunicação. Esta ferramenta abre um caminho para um entendimento mais profundo dos elementos que motivam e orientam cada pessoa na sua equipe. O Sonhador, aquele que enxerga além e traz a inovação, é vital para impulsionar a visão de futuro. O Pensador, com sua habilidade de análise e foco em soluções lógicas, é quem assegura que as decisões sejam baseadas em fundamentos sólidos. O Amante, artífice das relações humanas, fortalece os laços e promove a colaboração pela empatia. E o Guerreiro, focado em resultados, é a força propulsora que impulsiona a equipe a alcançar as metas. Cada um desses perfis, ao ser compreendido e valorizado, pode elevar a qualidade de sua liderança e a eficácia de sua comunicação.

Ou seja, compreender esses perfis não é apenas catalogar as pessoas, mas sim apreciar a diversidade de talentos e como cada um pode ser melhor empregado e desenvolvido.

Ao aplicar essa metodologia, você abrirá um leque de estratégias para uma liderança mais eficaz, uma comunicação mais assertiva e uma equipe alinhada e

LÍDER, LIDERE

sinérgica, pronta para alcançar os objetivos mais ambiciosos da organização. Agora, vamos explorar cada um dos perfis apresentados pelo The Big Four, mergulhando nas características, forças e desafios que eles trazem e como cada um pode ser essencial na complementaridade das habilidades dentro de sua equipe.

Sonhador (Dreamer)

É o perfil que se destaca pela sua visão de futuro, criatividade e capacidade de gerar ideias inovadoras. São pessoas que veem além do presente, imaginando possibilidades e novos caminhos. Este perfil é essencial para trazer inspiração e motivação para a equipe.

Este perfil é a mola propulsora da inovação e da visão de longo prazo dentro de uma empresa. Os Sonhadores são frequentemente os fundadores ou líderes visionários, capazes de olhar além do presente e imaginar futuros ainda não realizados. Movidos pela criatividade e um forte senso do que está por vir, são essenciais para inspirar e motivar a equipe a alcançar objetivos grandiosos.

Por exemplo, no fim de uma reunião, é o Sonhador quem esboça o plano de ação futuro, empolgando a equipe com sua energia e visão. Sem essa capacidade de sonhar e inspirar, a empresa corre o risco de se ater a objetivos de curto prazo, limitando a inovação.

Entretanto, é crucial que o Sonhador ocupe o papel certo na organização. Sua habilidade de sonhar e compartilhar visões deve ser equilibrada por uma equipe capaz de transformar esses sonhos em realidade. Sem Pensadores e Guerreiros ao seu lado, o Sonhador pode se perder em ideias que nunca se materializam.

Na comunicação com um Sonhador, é mais eficaz centrar a conversa em desejos e aspirações, pois é isso que o move. Abordagens baseadas apenas em dados e lógica podem não ser tão convincentes quanto apelar para sua intuição e crença no possível.

Finalmente, posicionar o Sonhador onde ele pode sonhar e contribuir com sua visão é vital. Por exemplo, colocá-lo como diretor financeiro pode não ser ideal, pois limitaria sua capacidade de inspirar inovação, que é crucial para o crescimento da empresa em um mercado dinâmico.

Compreender e valorizar o Sonhador é reconhecer a essência da liderança transformacional, aquela que não apenas guia, mas também inspira e pavimenta o caminho para o futuro.

Resumindo o Sonhador:
- Foco de atenção – O que eu quero / O que eu não quero;
- Fonte de energia – Intuição;

- Habilidade comportamental – Inovação.

Pensador (Thinker)

No contexto do The Big Four, o Pensador é uma peça fundamental, servindo como contraponto à energia criativa do Sonhador. Caracterizado por uma abordagem analítica e metódica, o Pensador é o elemento que garante que todas as decisões passem por uma avaliação minuciosa. Ele é particularmente valioso em áreas como finanças e planejamento, nas quais uma análise detalhada é crucial.

Considere um cenário onde um Sonhador propõe uma ideia brilhante, é o Pensador quem escrutinará essa ideia, considerando todos os aspectos práticos e viabilidade a longo prazo. Essa interação entre Sonhador e Pensador é vital para transformar visões audaciosas em realidades concretas e realizáveis.

Com uma tendência natural para cautela e análise, os Pensadores atuam como um equilíbrio necessário às inclinações impulsivas dos Sonhadores, garantindo que a empolgação inicial seja fundamentada em dados e planejamento sólidos. Eles são os responsáveis por "puxar o freio de mão" quando necessário, mantendo a equipe alinhada com objetivos realistas e alcançáveis.

Ao lidar com um Pensador, a abordagem deve ser lógica e bem-estruturada. Argumentos sólidos e dados concretos são essenciais para engajar esse perfil, pois eles valorizam a lógica acima da emoção na tomada de decisões.

O Pensador é uma figura-chave em qualquer equipe, oferecendo uma base sólida sobre a qual ideias inovadoras podem ser edificadas de forma sustentável. No entanto, é crucial equilibrar sua inclinação para análise com a capacidade de ação dos outros perfis, como o Guerreiro, para manter a dinâmica e adaptabilidade da equipe.

Para liderar um Pensador com eficácia, apresente ideias de maneira clara e fundamentada, criando um espaço para discussão aberta e análise crítica. Isso permite que o Pensador explore diferentes perspectivas, enriquecendo o projeto ou a tomada de decisão.

Em resumo, o Pensador é um aliado inestimável, assegurando que as inovações sejam não apenas criativas, mas também práticas e bem fundamentadas. Reconhecer e valorizar esse perfil é essencial para liderar uma equipe capaz de sonhar alto, mas com os pés firmes no chão da realidade.

Resumindo o Pensador:

- Foco de atenção – Minha opinião / Minhas ideias;
- Fonte de energia – Razão;
- Habilidade comportamental – Análise.

Amante (Lover)

O perfil do Amante é crucial para manter a harmonia e a saúde emocional em qualquer equipe.

Com sua notável capacidade de se conectar emocionalmente com as pessoas, o Amante desempenha um papel vital no gerenciamento de relacionamentos, tanto internamente na empresa quanto no trato com clientes. Eles são os mestres da construção de confiança e colaboração, ingredientes essenciais para um ambiente de trabalho saudável e produtivo.

Os colaboradores que se identificam com este perfil são aqueles que naturalmente unem a equipe. Eles possuem uma percepção aguçada para nuances e emoções, o que os torna confiáveis e acessíveis para os membros da equipe que necessitam de apoio ou conselho. O Amante foca nas pessoas, mantendo-se atento às suas necessidades e bem-estar, diferentemente de outros perfis que podem estar mais concentrados em objetivos específicos ou estratégias.

Por exemplo, enquanto alguns membros da equipe podem estar imersos em suas tarefas e metas diárias, o Amante percebe quando um colega não está se sentindo bem e prontamente oferece suporte. Essa sensibilidade torna o Amante indispensável, pois tem a capacidade de identificar e tratar questões que podem ser fundamentais para a saúde emocional e eficiência da equipe.

CAROL CASTRO

Contudo, é essencial posicioná-lo em um papel que valorize suas habilidades interpessoais. Limitá-lo a funções isoladas ou que não permitam o exercício de suas habilidades de relacionamento é um desperdício de seu potencial.

O Amante deve estar em uma posição que permita olhar tanto para a saúde interna da empresa quanto para as relações externas com clientes.

Na comunicação com esse perfil, o foco deve ser na emoção e na conexão humana. Abordagens excessivamente racionais ou focadas apenas em dados podem não ser tão eficazes quanto diálogos que valorizem e reconheçam a importância das relações e do aspecto emocional.

Ele também desempenha um papel vital em ressaltar os aspectos humanos em ambientes corporativos que podem estar focados primariamente em resultados e eficiência. Em situações de alta pressão por desempenho, ele atua como um lembrete vital da importância do bem-estar emocional e do apoio mútuo.

Ele fomenta a saúde mental e emocional no local de trabalho, criando um espaço no qual todos se sintam valorizados e ouvidos.

Além disso, o Amante é fundamental para fortalecer o espírito de equipe e promover um senso de pertencimento. Sua habilidade em perceber e responder às emoções dos outros o torna mediador eficaz e pacificador, apto a resolver conflitos de maneira construtiva e preservar a harmonia do grupo.

No entanto, é necessário estar atento para que o Amante não seja sobrecarregado emocionalmente. Deve haver um equilíbrio entre seu papel de cuidador emocional e suas próprias necessidades e limites. Como líder, é sua responsabilidade assegurar que o Amante também receba suporte e cuidado, reconhecendo a importância de sua contribuição emocional e relacional.

Ao incentivar a expressão de suas ideias e sentimentos, contribui-se para um ambiente de trabalho em que a diversidade de perspectivas é valorizada e cada membro da equipe pode contribuir plenamente.

Assim, o Amante é um ativo indispensável para qualquer equipe, atuando como o coração que mantém a harmonia e o equilíbrio emocional. Seu papel vai além do atendimento ao cliente; ele é o guardião das relações humanas dentro da empresa, desempenhando um papel vital na criação de um ambiente de trabalho empático e colaborativo.

Resumindo o Amante:

- Foco de atenção – Como nós dois nos sentimos / Nosso nível de confiança;

- Fonte de energia – Emoção;

- Habilidade comportamental – Relacionamento.

Guerreiro (Warrior)

O Guerreiro, no universo do The Big Four, é vital para conduzir a equipe rumo aos objetivos e metas estabelecidos. Este perfil é marcado por uma abordagem assertiva, foco na ação e determinação em alcançar resultados concretos. Ele enfrenta desafios decidido e sempre pronto para agir.

Esse perfil se destaca por manter a equipe alinhada com os objetivos da empresa e com os objetivos de sua liderança, garantindo que as metas sejam não apenas definidas, mas efetivamente atingidas.

A energia e o senso de urgência que trazem ao grupo incentivam a proatividade e a resolução de problemas. Em momentos críticos, é o Guerreiro que toma as decisões necessárias para transformar planos em ações.

Contudo, é fundamental entender que a intensa orientação do Guerreiro para resultados pode, por vezes, ofuscar a atenção às necessidades emocionais da equipe. Sua impaciência com processos lentos ou discussões prolongadas pode causar tensão, necessitando de um equilíbrio com a sensibilidade de outros perfis, como o Amante.

Situações que exigem decisões rápidas exemplificam a eficiência do Guerreiro. Enquanto outros perfis podem vacilar, o Guerreiro avalia rapidamente e age com assertividade, mantendo a equipe focada e avançando. Na comunicação, prefere clareza, objetividade e praticidade. Discussões extensas ou abstratas podem ser menos produtivas, enquanto argumentos claros, diretos e planos de ação bem definidos são preferidos.

Além de impulsionar a equipe, o Guerreiro é fundamental em situações adversas, mantendo a resiliência e guiando o grupo por meio de obstáculos com calma e clareza. No entanto, deve-se ter cuidado para que a determinação do Guerreiro não leve ao esgotamento da equipe. Reconhecer o momento certo para agir e quando é necessário desacelerar é um aspecto crucial da liderança eficaz do Guerreiro.

Para comunicar-se efetivamente com um Guerreiro, brevidade e foco em soluções são recomendados. Incentivar a consideração de perspectivas e sentimentos alheios pode enriquecer seu estilo decisivo, promovendo um ambiente de trabalho mais integrado e colaborativo.

Portanto, o Guerreiro é um elemento-chave para qualquer equipe, capaz de enfrentar desafios com coragem e eficácia. Sua habilidade de agir decisivamente, quando harmonizada com a sensibilidade e criatividade dos outros perfis, compõe um conjunto de habilidades indispensáveis para o sucesso de qualquer empresa e liderança.

Resumindo o Guerreiro:
- Foco de atenção – Qual tarefa fazer / Qual linha seguir;

- Fonte de energia – Força de vontade;
- Habilidade comportamental – Realização.

Exercício:
Análise de Perfil – Metodologia The Big Four

Este exercício tem como objetivo ajudá-lo a identificar seu perfil predominante dentro da metodologia The Big Four. Ao refletir sobre sua reação instintiva frente a uma situação comum no ambiente de trabalho, você pode obter *insights* valiosos sobre sua abordagem natural de liderança e colaboração em equipe.

Leia as afirmações a seguir e escolha a que mais se alinha com sua reação instintiva ou abordagem preferida diante da situação apresentada.

Situação: você está em uma reunião com sua equipe discutindo o lançamento de um novo produto. Há entusiasmo no ar, mas também muitas decisões a serem tomadas sobre a estratégia de *marketing*, produção e finanças.

Qual das respostas a seguir mais se encaixa com você?

- **Opção 1:** "Imagino este produto transformando nosso mercado. Já posso ver as possibilidades de expansão e o impacto que teremos. Precisamos sonhar grande e transmitir essa visão aos nossos clientes!"

- **Opção 2:** "Antes de nos empolgarmos, precisamos analisar todas as variáveis. Qual é o custo de produção? Quais são os riscos envolvidos? Vamos precisar de um plano detalhado e uma análise de mercado para garantir que estamos no caminho certo".

- **Opção 3:** "É essencial que nossa equipe esteja alinhada e comprometida com esse lançamento. Vamos garantir que todos estejam a bordo e que qualquer preocupação seja discutida e abordada. O bem-estar da equipe e a confiança dos nossos clientes são fundamentais".

- **Opção 4:** "Vamos definir metas claras e um cronograma de execução. Quem será responsável por cada etapa? Precisamos de ação e foco para alcançar nosso objetivo e fazer desse lançamento um sucesso".

Resultado

Sua escolha refletirá o perfil comportamental com o qual você mais se identifica.

- Se escolheu a **opção 1**, é provável que seu perfil seja predominantemente Sonhador, com um foco em visão de futuro e inovação.

CAROL CASTRO

- Se escolheu a **opção 2**, pode se alinhar mais com o perfil Pensador, valorizando a análise e a razão na tomada de decisões.

- Se a **opção 3** ressoa mais com você, seu perfil tende a ser o do Amante, com ênfase no gerenciamento de relacionamentos e na empatia.

- Se a **opção 4** é a que mais se aproxima de sua reação natural, pode ter o perfil do Guerreiro, focado em metas e resultados.

Reflexão

Após identificar seu perfil predominante, reflita sobre como isso influencia sua liderança e interações com a equipe. Lembre-se de que nenhum perfil é melhor ou pior que outro; cada um tem seu valor único e contribuição para o sucesso da equipe. A conscientização sobre seu próprio perfil e o dos membros de sua equipe pode aprimorar a comunicação, a colaboração e a eficácia geral da equipe.

Este exercício é uma forma de iniciar a jornada de autoconhecimento e compreensão da dinâmica de equipe, peças-chave para qualquer líder que deseja explorar ao máximo o potencial de sua equipe.

Nos próximos capítulos, veremos o quanto você trazer elementos do perfil do outro para a sua estratégia de comunicação contribui para o entendimento da mensagem que está sendo compartilhada. Ou seja, para se comunicar com um Pensador, vale a pena você apresentar análise de diferentes cenários para facilitar a evolução da conversa e a tomada de decisão.

DISC

Agora, falarei um pouco sobre outra ferramenta que utilizo frequentemente em análise comportamental, assim como mencionei o The Big Four. Nesse caso, a ferramenta em questão é o DISC, desenvolvida em 1928 pelo psicólogo norte-americano William Moulton Marston e apresentada em seu livro *Emotions of Normal People*.

Composto por quatro características principais - Dominante (D), Influente (I), Estável (S) e Conforme (C) –, o DISC oferece um mapa para entender como as pessoas reagem a desafios, influenciam os outros, aderem a regras e se adaptam a seus ambientes.

Todos nós possuímos uma mistura desses quatro traços, mas geralmente um ou dois se sobressaem, definindo nosso estilo predominante de comportamento. No meu caso, identifico-me principalmente com os perfis Dominante e Estável. Essa combinação, embora pareça contraditória, coexiste dentro de mim, criando um dinâmico jogo interno entre o impulso para conquistar e a cautela na avaliação de riscos.

No ambiente de trabalho, meu perfil Dominante geralmente prevalece, impulsionando-me a buscar resultados e a liderar com confiança. No entanto, o lado Estável sempre pondera, trazendo um equilíbrio necessário e garantindo que as decisões sejam tomadas considerando a opinião das pessoas que trabalham comigo.

Para exemplificar a dinâmica do DISC na prática, vamos considerar uma situação hipotética: uma viagem à praia proposta após um curso intensivo. A reação de cada perfil DISC a essa sugestão revela muito sobre suas características:

- O Dominante imediatamente pensa na execução da tarefa: *"Vamos pegar as toalhas e o carro, e ir para a praia"*.

- O Influente pergunta: *"Quem vai?"*. A preocupação dele é com o aspecto social e relacional da viagem.

- O Estável pondera os riscos: *"E se a estrada estiver fechada e não conseguirmos voltar a tempo?"*.

- O Conforme prefere manter o plano original: *"Não, vamos ficar. Era isso que estava planejado"*.

Esses perfis se manifestam em todos os aspectos do nosso trabalho. Como Dominante, me concentro em resultados, e quando busco informações de um colega Influente, aprendi a adaptar minha abordagem para obter o que preciso. Por exemplo, em vez de ser direta e objetiva, que é a minha natureza, eu me aproximo de maneira mais pessoal, focando na relação antes de pedir a informação específica.

O foco é você entender como cada perfil impacta a dinâmica de trabalho e a liderança, além de aprender a comunicar-se de maneira eficaz com cada um. Esse conhecimento é fundamental para posicionar as pessoas em funções nas quais possam brilhar, contribuindo para equipes mais coesas e produtivas. Agora, vamos detalhar melhor os perfis.

Dominante (D)

Os Dominantes são os propulsores do progresso em qualquer organização. Com um espírito ambicioso, não só abraçam a mudança – eles a lideram. A competitividade é uma alavanca para o sucesso coletivo, não apenas individual. Eles têm o dom de transformar desafios em conquistas e inspirar equipes a superar expectativas.

Os Dominantes avançam com determinação rumo às metas, sempre prontos para agir e alcançar resultados tangíveis. São eles que definem o ritmo e garantem que a visão se torne realidade. Em um time, eles são o gatilho para a ação e o progresso constante.

Como líder, ao lidar com um perfil Dominante, canalize a energia para objetivos estratégicos e garanta que a abordagem assertiva seja utilizada para motivar e conduzir a equipe ao sucesso. A habilidade de um Dominante para impulsionar e executar é um recurso valioso – use-o sabiamente para elevar os padrões e alcançar as aspirações de sua organização.

Fraquezas

Uma das nuances desse perfil é a tendência à teimosia, especialmente quando enfrentam resistência. Imagine uma sala de reunião na qual um projeto inovador é apresentado. O líder Dominante, entusiasmado com a visão, pode se fechar às sugestões da equipe. Essa intransigência, embora nascida de uma paixão pela excelência, pode limitar o potencial criativo da equipe e frear oportunidades de colaboração.

Além disso, a dedicação incansável que define os Dominantes pode escorregar para o workaholismo. Essa característica é exemplificada na figura do líder que permanece no escritório até tarde da noite, mergulhado em relatórios e planos, negligenciando seu bem-estar e o da equipe. Essa intensidade, apesar de admirável, é uma faca de dois gumes, podendo levar ao esgotamento e à diminuição da eficácia a longo prazo.

A irritação com desvios de planos é outra faceta desse perfil. Em um cenário em que imprevistos surgem, o Dominante, acostumado a um ambiente controlado e previsível, pode reagir com impaciência. Esse comportamento, embora seja um reflexo de seu comprometimento com os objetivos, pode criar um clima de tensão e pressão, não propício para a inovação ou para o crescimento pessoal da equipe.

Por fim, a intolerância a falhas e erros, tanto pessoais quanto dos colegas, pode ser um obstáculo para um ambiente de trabalho saudável. Em situações nas quais os resultados não são os esperados, o Dominante pode focar mais em encontrar culpados do que em solucionar problemas, criando um cenário em que a equipe hesita em assumir riscos ou em se expressar livremente.

Como líderes, entender essas fraquezas e trabalhar para mitigá-las é essencial. O equilíbrio entre a firmeza e a flexibilidade, a determinação e a empatia, torna não só o perfil Dominante mais efetivo, mas também enriquece a dinâmica de toda a equipe. A verdadeira liderança está em transformar desafios em oportunidades de crescimento, tanto para si mesmo quanto para aqueles que nos acompanham nessa jornada.

Prós e contras de contratar uma personalidade Dominante

Contratar um perfil Dominante traz vantagens claras, mas também alguns desafios específicos. Esses profissionais tendem a se entediar com rotinas e preferem trabalhos que ofereçam desafios constantes e oportunidades de inovação. Eles podem parecer durões por fora, mas internamente podem se sentir insatisfeitos em situações rotineiras.

Um exemplo prático pode ser um gerente de projeto com perfil Dominante em uma empresa de tecnologia. Esse gerente pode impulsionar sua equipe para concluir projetos complexos com eficiência e rapidez, mas pode se sentir frustrado com tarefas administrativas diárias, que considera repetitivas e desmotivadoras.

Dominantes são excelentes em ambientes de alta pressão e se destacam em situações que exigem decisões rápidas e assertivas. No entanto, podem não ser tão hábeis em reconhecer as necessidades emocionais dos colegas, focando excessivamente em alcançar objetivos. Gerenciar um Dominante exige um equilíbrio delicado. Seus traços podem ser extremamente valiosos para resolução de problemas e aumento da produtividade, mas, sem a gestão adequada, podem causar tensões. É fundamental gerenciar motivações e criar situações que os desafiem e mantenham engajados.

LÍDER, LIDERE

Com relação à comunicação, é eficaz usar frases que ressoem com sua natureza orientada para ação e resultados. Expressões como "Vamos fazer isso", "Resultados rápidos", "Imediato/hoje/agora", e "Aceite o desafio" são particularmente motivadoras. Eles também valorizam o reconhecimento de sua eficácia, então frases como "O que você pensa sobre ____?" ou "Ótimo retorno sobre o investimento" podem ser muito efetivas para engajá-los.

Em suma, ao contratar e gerenciar um perfil Dominante, é essencial compreender suas motivações, desafios e o estilo de comunicação que mais lhes agrada, para maximizar seu potencial e contribuir para o sucesso da equipe e da organização.

Influente (I)

O perfil Influente no DISC é marcado pela extroversão e capacidade de estabelecer conexões. Essas pessoas adoram interagir e são excelentes na construção de relações, fazendo-as comunicadores natos e persuasivos. No trabalho, influenciam positivamente o ambiente e motivam a equipe com sua energia.

É importante, porém, estar atento a suas limitações. Podem se distrair com a interação social e necessitam de tarefas que mantenham seu interesse. Liderar um

Influente envolve aproveitar sua habilidade de engajar os outros, mantendo-os focados nos objetivos.

Para uma comunicação eficaz com um Influente, valorize o reconhecimento e a aprovação. Eles respondem bem a um ambiente que aprecia sua natureza sociável e colaborativa. Ao gerenciar um Influente, equilibre suas tendências extrovertidas com as demandas e focos do trabalho, garantindo uma contribuição efetiva à equipe.

Fraquezas

O Influente, embora vibrante e carismático, também enfrenta desafios únicos. Sua impaciência pode se revelar em reuniões, nas quais ideias inovadoras exigem discussões detalhadas. Nesses momentos, o Influente pode se mostrar inquieto, buscando acelerar o processo, o que às vezes pode levar a decisões apressadas.

Além disso, a tendência ao tédio em tarefas repetitivas ou que demandem foco prolongado pode ser um ponto de atenção. Em projetos de longo prazo, por exemplo, o Influente pode perder o interesse rapidamente, necessitando de estímulos constantes para manter seu engajamento.

A autoindulgência é outra característica que pode surgir em situações em que seus desejos ou necessidades pessoais se sobrepõem às da equipe. Isso pode se manifestar na escolha de projetos que lhes sejam mais agradáveis, em detrimento daqueles que seriam mais benéficos para o grupo.

Por fim, a impulsividade do Influente, embora seja uma fonte de energia e entusiasmo, pode levar a decisões precipitadas. Isso é evidente em cenários nos quais a rapidez de ação supera a análise cuidadosa, podendo resultar em escolhas menos eficazes.

Como líder, é essencial para você entender e equilibrar essas fraquezas, buscando harmonizar o entusiasmo e a energia do Influente com uma abordagem mais refletida e ponderada, a fim de potencializar as contribuições e garantir o sucesso coletivo.

Prós e contras de contratar uma personalidade Influente

Contratar um perfil Influente traz uma mistura única de vantagens e desafios. Esses profissionais brilham com entusiasmo contagiante e extroversão. Eles são mestres na arte de construir relacionamentos, rapidamente se tornando queridos em qualquer equipe. Sua habilidade de persuadir e influenciar pessoas é inestimável, especialmente em papéis que exigem interação com clientes ou em atividades que demandam criatividade e inovação.

Os Influentes também são sonhadores, capazes de visualizar possibilidades futuras e transformar esses sonhos em ideias práticas e realizáveis. Eles usam seu carisma natural e um bom senso de humor para criar um ambiente de trabalho agradável e motivador. No entanto, essa mesma natureza pode trazer desafios. Sua impaciência e tendência ao tédio podem ser problemáticas em tarefas detalhadas e prolongadas. Eles podem se concentrar demais na interação social, às vezes em detrimento das tarefas.

Durante o processo de contratação, é essencial considerar se o papel almejado se alinha com as características do Influente. Eles se destacam em ambientes dinâmicos e colaborativos, mas podem não ser a melhor escolha para funções isoladas ou altamente estruturadas.

No gerenciamento diário de sua equipe, é fundamental garantir que esses profissionais estejam envolvidos em tarefas que se alinhem com sua necessidade de interação e reconhecimento. Palavras de incentivo, como "Você está ótimo nisso" ou "Você é fundamental para a equipe", são poderosas para motivá-los.

É sobre encontrar o equilíbrio entre permitir que eles brilhem em suas forças naturais e guiá-los suavemente para permanecerem focados e produtivos.

Estável (S)

Quando falamos sobre o perfil Estável, estamos abordando aqueles que trazem uma essência de tranquilidade e consistência para a equipe. Imagine uma pessoa que, mesmo diante do caos, mantém o equilíbrio, cuidando meticulosamente das tarefas e assegurando que tudo esteja em ordem. Esse é o Estável: um porto seguro em meio à tempestade de urgências e prazos.

Os Estáveis são mestres na arte de construir relacionamentos sinceros e profundos, sempre prontos a ouvir e entender as necessidades alheias. Eles são o alicerce emocional da equipe, aqueles que, com sua empatia e calma, mantêm o grupo coeso e focado.

Em termos de liderança, entender e valorizar os Estáveis é crucial. Eles podem não ser os mais rápidos ou os mais inovadores, mas são essenciais para manter o equilíbrio e a continuidade. Como líder, sua tarefa é garantir que essas qualidades sejam reconhecidas e valorizadas, integrando-as harmoniosamente às dinâmicas da equipe.

Fraquezas

Compreender as fraquezas do perfil Estável é essencial para que você tenha uma liderança eficaz. A tendência à menor assertividade, por exemplo, pode levar a desafios em ambientes que exijam tomadas de decisão rápidas e firmes. Essa característica pode resultar em hesitação, tanto para expressar opiniões quanto para agir, especialmente sob pressão ou em situações competitivas. Além disso, a natureza tímida do Estável pode impactar sua habilidade de se destacar e ser reconhecido em ambientes dinâmicos, nos quais a proatividade e a visibilidade são cruciais.

Essas nuances do perfil Estável requerem uma gestão atenta e suporte direcionado para superar esses obstáculos e promover um desenvolvimento equilibrado.

Além disso, a sensibilidade do Estável, apesar de ser uma qualidade em muitos aspectos, também pode significar maior susceptibilidade a se sentir ferido por críticas ou mudanças inesperadas. Isso pode levar a uma resistência à mudança, preferindo a segurança do conhecido ao risco do novo. Esse aspecto requer uma abordagem cuidadosa na gestão, garantindo que sejam apoiados durante processos de transformação e que suas contribuições sejam valorizadas e reconhecidas.

Essa tendência do Estável à resistência à mudança, embora ofereça estabilidade e confiabilidade, pode se tornar um obstáculo em ambientes que exijam inovação e adaptabilidade. Eles podem se agarrar a sistemas e processos já estabelecidos, mesmo que existam opções mais eficientes ou criativas. Isso pode resultar em uma equipe que, apesar de ser eficiente em suas rotinas, pode não estar tão preparada para lidar com desafios inesperados ou mudanças no mercado.

Você, como líder, tendo esse conhecimento, consegue criar um ambiente em que o Estável se sinta seguro para explorar novas ideias, incentivando-o suavemente a se adaptar a mudanças. A chave é garantir que ele entenda que a mudança não é uma ameaça à sua segurança, mas uma oportunidade para crescimento e aprimoramento pessoal e profissional.

Prós e contras de contratar uma personalidade estável

Ao considerar a contratação de alguém com um perfil Estável, você encontrará um colaborador extremamente organizado e atencioso. Ele se destaca em ambientes nos quais a ordem e a previsibilidade são valorizadas. A natureza cuidadosa e compassiva do Estável o torna excelente em papéis de apoio, contribuindo significativamente para a manutenção da harmonia e do bem-estar na equipe.

Contudo, ele pode não ser tão rápido ou inovador quanto outros perfis, e sua relutância em expressar sentimentos ou opiniões pode ser um desafio em ambientes que exijam comunicação aberta e *feedback* constante.

Para atrair e reter um Estável, é vital fornecer um ambiente de trabalho seguro e estável, com um foco claro no crescimento a longo prazo e benefícios consistentes.

Na gestão desse perfil, é fundamental equilibrar seu talento para a organização e atenção ao detalhe com a necessidade de adaptação. Ele se destaca em ambientes colaborativos e harmoniosos, mas pode resistir a mudanças abruptas. Portanto, ao introduzir novidades, é importante fazê-las com sensibilidade e dando tempo para que se ajuste.

A comunicação que ressalta a lógica, a racionalidade e a necessidade de ajudar os outros é extremamente eficaz com ele. Ao reconhecer e valorizar suas características, você potencializa contribuições e promove um ambiente de trabalho mais coeso e produtivo.

Conforme (C)

Esse perfil é caracterizado por uma notável atenção aos detalhes e um foco intensivo na precisão e na lógica. Pessoas com esse perfil prezam pela estabilidade e controle em seu ambiente de trabalho, buscando a objetividade em suas ações e decisões. Elas tendem a se sentir desconfortáveis em cenários altamente emocionais ou imprevisíveis, preferindo contextos em que possam atuar de forma focada e sem interrupções.

Suas principais forças residem na criatividade direcionada para soluções pragmáticas, confiabilidade em tarefas e projetos, independência no trabalho e uma habilidade organizacional excepcional. Esses indivíduos brilham em papéis que demandam meticulosidade e uma abordagem sistemática, contribuindo com uma perspectiva essencial em situações que requerem análise detalhada e estratégias bem fundamentadas. Sua capacidade de descomplicar complexidades e apresentar soluções claras e eficientes é um ativo valioso em qualquer equipe.

Fraquezas

Uma característica marcante é a tendência de parecer antissocial. Isso ocorre devido à sua preferência por ambientes controlados e certa resistência a situações sociais agitadas ou imprevisíveis.

Outra fraqueza é um comportamento percebido como desapegado. Devido a seu foco em lógica e detalhes, pode não se envolver emocionalmente ou demonstrar interesse pessoal nas interações, o que pode ser interpretado como falta de empatia ou engajamento.

O ceticismo também é uma característica comum. Esses indivíduos costumam questionar novas ideias e mudanças, o que pode ser visto como resistência a inovações e adaptações necessárias. Essa postura pode ser um obstáculo em ambientes que exijam flexibilidade e aceitação rápida de novos conceitos.

Por fim, a tendência ao desengajamento em situações que requerem alta interatividade e dinamismo pode ser um desafio. Isso pode afetar a colaboração e a sinergia dentro de equipes que dependem de comunicação constante e adaptabilidade.

Reconhecer e trabalhar essas fraquezas é fundamental para garantir que o perfil Conforme contribua efetivamente para a equipe, balanceando suas habilidades analíticas com a necessidade de conexão e adaptabilidade.

Prós e contras de contratar uma personalidade Conforme

Ao recrutar um perfil Conforme, assim como os outros perfis, é essencial compreender suas nuances. Eles se destacam em ambientes nos quais há clareza nas tarefas e expectativas. Sua habilidade de lidar com detalhes e precisão os torna ideais para tarefas minuciosas e trabalhos que exijam paciência e análise cuidadosa. Frequentemente, encontramos Contadores e Advogados com esse perfil, graças à sua capacidade de pensamento crítico e atenção aos detalhes.

LÍDER, LIDERE

No entanto, em funções gerenciais, sua necessidade de detalhes e fatos pode torná-los cautelosos e lentos para tomar decisões. Eles podem ter dificuldades em papéis públicos que exijam originalidade e inovação devido à sua preferência por rotinas e procedimentos estabelecidos.

Quanto à comunicação, o Conforme valoriza a precisão e a clareza. Ele responde bem a instruções e informações detalhadas e precisas. Palavras-chave que motivam o Conforme incluem "perfeição", "detalhes" e "lógica". Abordagens que respeitam sua necessidade de solidão e reflexão tranquila tendem a ser mais eficazes, permitindo-lhes processar informações e responder de maneira mais eficaz.

Exercício:
Análise de Perfil – Metodologia DISC

Escolha a opção que melhor descreve como você reagiria na situação. Sua escolha indicará qual dos perfis DISC mais se alinha com seu estilo comportamental.

Situação: você é líder de uma equipe desenvolvendo um novo produto sob um prazo apertado. A pressão é alta, e resultados rápidos são essenciais.

Como conduziria a equipe nessa situação? Escolha a opção que mais se assemelha à sua abordagem.

- **Opção 1:** "Assumo o controle, defino metas claras e emprego uma abordagem direta para assegurar que cumpramos o prazo, enfatizando a eficiência e a realização de objetivos".

- **Opção 2:** "Mobilizo a equipe com entusiasmo, promovendo um ambiente de colaboração e criatividade, visando inspirar soluções inovadoras e manter o moral elevado".

- **Opção 3:** "Priorizo a harmonia e o bem-estar da equipe, mantendo um ambiente calmo e apoiador, e asseguro que todos estejam alinhados e comprometidos com o projeto".

Resultados

- Se escolheu majoritariamente **a Opção 1**, seu perfil tende a ser Dominante: assertivo, orientado para resultados, e decisivo.

- Se a **Opção 2** foi sua escolha mais frequente, pode se alinhar mais com o perfil Influente: entusiasmado, comunicativo e persuasivo.

- Se a **Opção 3** ressoa mais com você, seu estilo pode ser mais Estável: paciente, cooperativo e apoiador.

LÍDER, LIDERE

Exercício: Matriz de SWOT

Após explorarmos ferramentas como The Big Four e DISC para o autoconhecimento e para o conhecimento do perfil de seus liderados, chegou o momento de aprofundarmos ainda mais essa jornada de autoanálise. Com este exercício da Matriz SWOT Pessoal, vamos praticar a autorreflexão para melhorar continuamente sua liderança.

A Matriz de SWOT tradicionalmente é utilizada no contexto de projetos e estratégias organizacionais, mas agora você descobrirá como ele pode ser uma ferramenta poderosa para o autoconhecimento.

Esse exercício ajudará você a ter uma visão clara de seus pontos fortes e fracos, bem como das oportunidades e ameaças no ambiente em que atua. Isso facilitará o desenvolvimento de um plano de ação para melhorar a liderança e a tomada de decisão.

Preencha os quadros a seguir da seguinte forma.

- **Forças (*Strengths*):** são as qualidades internas que te destacam, como habilidades de comunicação, capacidade de tomar decisões, liderança, entre outras. Reconhecer suas forças permite que as utilize de maneira eficaz na liderança.

- **Fraquezas (*Weaknesses*):** são as áreas de melhoria ou limitações pessoais. Identificar suas fraquezas é crucial para desenvolver estratégias de superação e crescimento na liderança.

- **Oportunidades (*Opportunities*):** refere-se aos fatores externos que podem ser aproveitados para seu crescimento e sucesso. Isso pode incluir novos projetos, redes de contato, ou tendências de mercado que você pode explorar.

- **Ameaças (*Threats*):** são desafios ou obstáculos externos que podem impactar seu desempenho ou crescimento. Reconhecer essas ameaças ajuda a preparar estratégias para enfrentá-las.

LÍDER, LIDERE

FORÇAS	FRAQUEZAS
OPORTUNIDADES	AMEAÇAS

Reconhecer e entender esses aspectos em nós mesmos é o primeiro passo para uma liderança eficaz e adaptativa.

Quero te encorajar a também aplicar esse exercício com cada um de seu time.

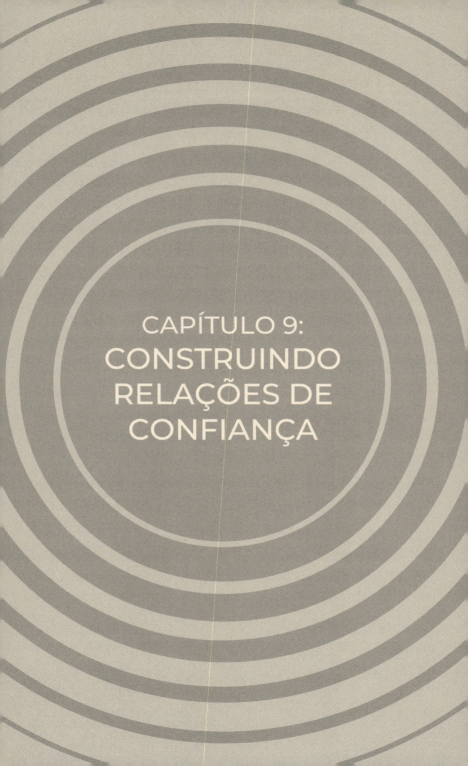

CAPÍTULO 9: CONSTRUINDO RELAÇÕES DE CONFIANÇA

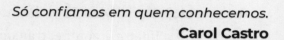

Só confiamos em quem conhecemos.
Carol Castro

No universo da liderança, formar um time autogerenciável é um dos maiores desafios, no entanto é uma característica indispensável de equipe de alta performance já que caracteriza-se pela capacidade de operar em um ambiente de tomadas de decisão descentralizadas. Cada membro compreende e executa suas responsabilidades, não por imposição, mas pela clara compreensão de seu papel e da confiança depositada nele.

Como líderes, temos a responsabilidade de cultivar um ambiente no qual a confiança é a norma, e não a exceção.

Porém, a construção dessa confiança se baseia em um aspecto fundamental: a vulnerabilidade. Esse conceito, embora desafiador para muitos líderes, é crucial para estabelecer conexões genuínas. Ao ad-

LÍDER, LIDERE

mitir "Não sei tudo" ou "Preciso de sua ajuda neste projeto", o líder não só mantém sua autoridade, mas também demonstra sua humanidade e promove um espírito de colaboração.

Compartilhar desafios cria um ambiente em que a equipe se sente segura para expressar ideias, preocupações e soluções criativas. Essa abertura fortalece a conexão entre o líder e a equipe, transformando a dinâmica de trabalho.

Um líder eficaz não é aquele que sempre fala, mas aquele que escuta.
Carol Castro

Valorizar a participação ativa e as opiniões da equipe são práticas fundamentais para o engajamento. Tais ações não só contribuem para formar uma equipe de alta performance, mas também para estabelecer um legado de liderança eficaz e humana.

A construção dessa confiança exige tempo, dedicação e a disposição do líder para ser vulnerável. Reconhecer erros e colaborar com a equipe na busca por soluções promove um ambiente de crescimento contínuo e valorização das contribuições individuais.

Um líder que cultiva a confiança equilibra a liberdade e o suporte à equipe. Praticar a escuta ativa e valorizar o *feedback* são formas de melhorar continuamente o ambiente de trabalho. Essa abordagem requer humildade e o entendimento de que a perfeição é um mito.

Reconhecer as próprias limitações é essencial para estabelecer uma conexão genuína com a equipe. Líderes que adotam a vulnerabilidade derrubam barreiras de distanciamento, criando um ambiente propício à empatia e à colaboração.

Ao compartilhar desafios pessoais, incentivam a equipe a fazer o mesmo. Isso cultiva um espaço de trabalho no qual a autenticidade e a inovação são valorizadas.

Finalmente, a vulnerabilidade na liderança se transforma de uma suposta fraqueza em uma ferramenta estratégica. Ela nutre relações sólidas e fortalece uma liderança mais resiliente e eficaz, essencial para uma equipe unida e inovadora.

Se você conseguir colocar todos os funcionários de uma empresa remando na mesma direção, poderá dominar qualquer indústria, em qualquer mercado, contra quaisquer competidores, em qualquer época.
Patrick Lencioni

FORTALECENDO A CONFIANÇA EM EQUIPES DE ALTA PERFORMANCE

Em nossa jornada para criar equipes de alta performance, é fundamental compreender as estruturas que sustentam ou derrubam a dinâmica do trabalho em grupo. Baseando-nos nos princípios do livro *Os 5 desafios da equipe*, de Patrick Lencioni, exploramos as cinco áreas críticas que podem comprometer uma equipe.

A confiança é o alicerce dessa jornada para uma equipe de alta performance. Sem ela, conforme destacado por Lencioni, as equipes desmoronam sob o peso de suas disfunções. A falta de confiança gera uma cultura de invulnerabilidade, na qual as pessoas se fecham, ocultando as verdadeiras opiniões e os sentimentos, temendo a exposição de suas fraquezas.

Considere a analogia da árvore e da maçã. Se a maçã representa o resultado, a raiz da árvore é a confiança. Sem uma raiz saudável e forte, a árvore não pode gerar e sustentar o fruto. Na prática, vemos isso quando equipes com alto potencial falham em alcançar e sustentar seus objetivos porque não cultivam a confiança na base de suas interações.

A invulnerabilidade é como um solo rochoso para a nossa árvore: impede o crescimento das raízes. Se um líder nunca se mostra vulnerável, a equipe aprende a mascarar os próprios desafios e as dificuldades. Isso leva a uma cultura na qual os erros são escondidos e as oportunidades de aprendizado são perdidas.

Quando líderes têm a coragem de dizer "eu não sou bom com números" ou "eu preciso de ajuda para gerenciar meu tempo", eles não apenas se humanizam, mas também incentivam seus membros a fazerem o mesmo. Isso leva à primeira característica de uma equipe confiante: a capacidade de relatar erros e admitir fraquezas.

À medida que essa confiança se desenvolve, a equipe começa a superar o medo do conflito. Em um ambiente em que a vulnerabilidade é valorizada, os membros se sentem seguros para expressar desacordos, sabendo que suas perspectivas serão ouvidas e valorizadas. Isso elimina a harmonia artificial, em que a paz superficial é preferida em detrimento da expressão sincera de opiniões que podem melhorar o desempenho do time.

O compromisso é a próxima etapa essencial. Em equipes nas quais a confiança se constrói, o compromisso é mais do que apenas uma palavra, é uma promessa viva que cada um faz não só com os objetivos do time, mas com cada um de seus colegas. Na prática, isso significa que decisões são tomadas e apoiadas pelo grupo, independente de consenso absoluto.

LÍDER, LIDERE

A responsabilização vem a seguir. Em uma equipe na qual a confiança é a norma, cada um é responsável não apenas por seu papel, mas também pelo sucesso de seus colegas. Isso se traduz em um ambiente em que a ajuda mútua é uma constante e a cobrança por resultados é feita de maneira construtiva e orientada para o crescimento.

Por fim, a atenção aos resultados é fundamental. Em equipes construídas sobre a confiança, os resultados são compartilhados e celebrados juntos, e o fracasso é visto como uma oportunidade de aprendizado coletivo, não como um ponto de vergonha individual.

Portanto, a confiança não é apenas um valor intangível, é a base tangível sobre a qual as equipes são construídas. Ela é o solo fértil que permite o crescimento, garantindo que cada resultado seja não apenas atingido, mas sustentado e até superado.

Como líder, seu papel é fundamental na construção de cada um desses aspectos. Isso não acontece naturalmente, seu posicionamento é necessário. Isso significa construir confiança pela vulnerabilidade, gerenciar o conflito como uma ferramenta para o aperfeiçoamento, promover o compromisso genuíno, fomentar uma cultura de responsabilidade e manter a equipe focada nos resultados coletivos. Ao fazer isso, você não estará apenas liderando uma equipe, mas fortalecendo um ecossistema de sucesso e resiliência.

CONECTANDO NEUROQUÍMICA E CONFIANÇA NO TRABALHO REMOTO

O livro *Leaders Eat Last*, de Simon Sinek, explora essas substâncias e como líderes podem promovê-las em suas equipes.

À medida que exploramos a construção de equipes autogerenciáveis e a arte da confiança, um fenômeno moderno merece nossa atenção: o *home office*. Longe de ser uma questão de preferência pessoal, o trabalho remoto é uma realidade que traz à tona importantes considerações neuroquímicas.

Os hormônios e neurotransmissores, como dopamina e ocitocina, desempenham papéis significativos nas respostas emocionais e comportamentais dos nossos colaboradores. É essencial compreender como esses elementos químicos atuam, pois influenciam diretamente a motivação, o comprometimento e a sensação de pertencimento dentro das equipes.

Dopamina e endorfina, por exemplo, estão associadas à realização de metas e ao prazer derivado do sucesso individual. Enquanto esses hormônios podem ser estimulantes no ambiente de *home office*, no qual a

LÍDER, LIDERE

autonomia e os desafios pessoais são constantes, não promovem a conexão entre os membros da equipe. Por outro lado, a serotonina e a ocitocina são cruciais para o desenvolvimento de laços interpessoais fortes e para a criação de um ambiente de confiança mútua – aspectos que podem ser menos estimulados no isolamento do trabalho remoto.

Como líderes, precisamos estar cientes dessas dinâmicas para adaptar nossas estratégias de gestão e comunicação. A chave está em equilibrar as demandas do trabalho remoto com atividades que promovam a interação e a confiança, fundamentais para a coesão e o sucesso da equipe.

E aqui, falando como alguém que se identifica com o perfil Dominante, tenho que me lembrar constantemente de que, sem atenção, posso criar um ambiente de pressão constante. Mas o que estamos realmente provocando nos outros? Que caminhos estamos incentivando?

Por exemplo, dopamina e endorfina são liberadas em situações de pressão e superação, características de um ambiente competitivo. Por outro lado, serotonina e ocitocina são hormônios relacionais, ativados pelo contato e pela troca entre as pessoas, algo que não é estimulado no isolamento do *home office*. Para a construção de confiança, precisamos de atividades que estimulem a serotonina e a ocitocina, promovendo relacionamentos e conexões autênticas.

Se queremos que todos remem na mesma direção, precisamos intencionalmente criar oportunidades para conexões pessoais, para que a equipe não apenas alcance as metas, mas também se sinta parte de um propósito maior.

Isso nos traz ao que discutimos anteriormente. Se as equipes não se engajam ou se comprometem, muitas vezes é porque a base de confiança está falha. O problema não é a falta de paredes ou de conversas, mas sim a falta de conexão genuína e confiança entre os membros da equipe.

Entender essa dinâmica hormonal é essencial, especialmente em um mundo no qual o *home office* e o trabalho híbrido se tornaram comuns. Não se trata apenas de ser a favor ou contra a modalidade de trabalho, mas de compreender e aplicar as estratégias corretas para manter e fortalecer a confiança dentro de uma equipe, independentemente da distância física.

A confiança construída pela serotonina e pela ocitocina cria laços profundos que são essenciais para um time unido e alinhado. Isso requer um esforço intencional do líder para criar espaços e momentos que permitam essas interações, seja num escritório sem paredes ou em reuniões periódicas presenciais.

LÍDER, LIDERE

Como líderes, devemos ser arquitetos de um ambiente em que os membros da equipe sintam-se estimulados a conectar-se em um nível humano e colaborativo. Isso pode significar estruturar a semana de trabalho para que haja dias designados para o trabalho presencial, para que todos possam se encontrar e interagir, reconhecendo que a conexão olho no olho nunca será substituída por tecnologia.

Voltando ao que discutimos, se as equipes não estão se engajando ou se comprometendo, é provável que a base, a confiança, esteja frágil.

Por isso, a liderança deve ser ativa e presente, promovendo a confiança por meio da vulnerabilidade, do conhecimento e da conexão. Ao fazer isso, os líderes não apenas gerenciam tarefas, mas inspiram e orientam pessoas, criando não só um time de alta performance, mas um ambiente de trabalho em que todos se sentem valorizados e parte de algo maior.

CAPÍTULO 10: COMUNICAÇÃO NÃO VIOLENTA

A Comunicação Não Violenta (CNV), descrita por Marshall Rosenberg, é uma metodologia que enfatiza a importância de uma comunicação empática e construtiva. Em sua essência, a CNV se baseia em quatro componentes principais que se entrelaçam para criar um diálogo mais efetivo e respeitoso.

O primeiro componente é a observação. Aqui, o foco está em descrever a situação sem julgamentos ou análises subjetivas. Isso significa relatar os fatos como são, sem adicionar nossas interpretações ou acusações. Por exemplo, em vez de criticar alguém pela suposta desatenção, descreva objetivamente o comportamento observado, como a frequência com que a pessoa olha para o celular durante uma conversa.

Em seguida, vem a expressão de seus sentimentos. Este passo envolve identificar e comunicar as emoções que surgem em você a partir da situação observada. Em vez de atribuir seus sentimentos às ações do outro, apenas expresse seus sentimentos diante de algo. Por exemplo, compartilhar que se sente frustrado por um prazo não cumprido, em vez de acusar o outro de causar a frustração.

O terceiro componente é a identificação das necessidades. Aqui, buscamos entender e verbalizar as necessidades, valores ou desejos que estão por trás dos nossos sentimentos. A Comunicação Não Violenta parte do princípio de que todos os comportamentos são tentativas de satisfazer necessidades universais. Ao comunicar claramente essas necessidades, podemos evitar muitos mal-entendidos e conflitos. Por exemplo, em vez de criticar alguém por atrasos, podemos expressar nossa necessidade de pontualidade associada à confiabilidade e eficiência.

Finalmente, o quarto elemento crucial é a formulação eficaz de pedidos. Nesse estágio, é importante fazer solicitações de forma clara e objetiva, sempre de maneira positiva e sem imposições. Isso é essencial para que o interlocutor entenda exatamente o que se espera dele, tendo a liberdade de atender ou não. Por exemplo, em vez de criticar alguém por atrasos recorrentes, é mais produtivo pedir que a pessoa se comprometa a respeitar prazos futuros ou informe com antecedência sobre possíveis atrasos. O objetivo é criar um pedido que incentive uma ação positiva e orientada para o futuro, evitando fixar-se em falhas passadas.

A Comunicação Não Violenta transcende a mera técnica de interação, constituindo-se como uma filosofia de vida que fomenta a compreensão mútua, o respeito e a cooperação. A incorporação desses quatro componentes em nossa comunicação cotidiana, tanto no âmbito profissional quanto no pessoal, é um caminho para o estabelecimento de relacionamentos mais saudáveis, produtivos e harmoniosos. Essa abordagem nos permite comunicar o que realmente importa para nós, em vez de simplesmente tentar persuadir o outro. Contudo, para que isso seja efetivamente alcançado, é crucial uma postura de vulnerabilidade por parte dos líderes, que devem estar dispostos a expressar abertamente seus sentimentos e necessidades.

Por meio da Observação, aprendemos a descrever situações sem julgamentos, focando no que é factual e observável. Isso nos ajuda a evitar mal-entendidos e a manter a conversa objetiva.

Expressar sentimentos de forma genuína e direta nos permite ser transparentes sobre o que estamos experienciando. Isso não apenas facilita o entendimento por parte dos outros, mas também valida nossas emoções, permitindo maior autenticidade nas interações.

LÍDER, LIDERE

Identificar e comunicar necessidades é fundamental para a CNV, pois reconhece que todos os comportamentos são tentativas de atender a necessidades universais.

Compreendendo e expressando essas necessidades, podemos encontrar soluções que satisfaçam a todos os envolvidos, em vez de criar conflitos desnecessários.

Finalmente, fazer pedidos claros e acionáveis é uma forma de direcionar a conversa para soluções práticas e efetivas. Em vez de impor exigências ou esperar passivamente que os outros adivinhem nossas necessidades, a CNV nos encoraja a ser proativos e claros em nossas solicitações.

Vamos considerar um cenário comum em que um membro da equipe não cumpre prazos. A abordagem tradicional seria expressar frustração ou desapontamento de forma direta, o que tende a gerar um ambiente defensivo e de resistência por parte do membro da equipe.

Contudo, essa abordagem, centrada na culpabilização, não é a mais eficaz para resolver problemas. Ela pode desencadear um ciclo de comunicação negativa, no qual o foco está em apontar culpados em vez de buscar soluções. Uma alternativa mais construtiva seria tentar compreender as causas dos atrasos e trabalhar colaborativamente para encontrar soluções. Isso envolve focar em como melhorar a situação e prevenir futuros problemas, criando um ambiente de diálogo aberto e colaborativo, propício para a resolução eficaz das questões.

Em contraste, ao aplicar os princípios da Comunicação Não Violenta, podemos abordar o mesmo problema de maneira mais construtiva, focada na solução, e empática. Isso começa com uma descrição objetiva dos fatos, sem julgamentos ou acusações. Por exemplo, em vez de fazer perguntas que podem soar acusatórias, "Como você se sente por não estar cumprindo os prazos novamente esta semana?", poderíamos dizer: "Notei que os últimos três relatórios foram entregues após o prazo acordado". Esta abordagem direciona o foco para o evento específico, sem atribuir a culpa diretamente à pessoa.

Após a observação objetiva, o passo seguinte é expressar nossos sentimentos de maneira clara. Podemos dizer: "Isso me preocupa porque impacta diretamente o fluxo de trabalho da equipe e a entrega dos nossos projetos". Expressar essa preocupação comunica o efeito do problema sem emitir julgamentos sobre a pessoa.

O terceiro passo envolve a identificação das necessidades subjacentes. Nesse momento, podemos afirmar: "Para mim, é importante manter os prazos, pois entendo que o cumprimento de prazos reflete eficiência e comprometimento com a satisfação de nossos clientes". Isso esclarece por que o cumprimento dos prazos é crucial para você, sem fazer com que o membro da equipe se sinta atacado.

Por fim, concluímos com um pedido específico e acionável. Isso poderia ser formulado da seguinte maneira: "Você poderia se comprometer a cumprir os próximos prazos ou, caso preveja atrasos, comunicar com antecedência para que possamos ajustar nosso planejamento?". Este pedido convida o colaborador para participar ativamente da solução e demonstra disposição para entender e colaborar com quaisquer desafios que ele possa estar enfrentando.

CAPÍTULO 11: COMUNICAÇÃO E INTELIGÊNCIA ARTIFICIAL NA LIDERANÇA

A comunicação eficaz é um dos pilares mais importantes na liderança e, com o advento da Inteligência Artificial (IA), isso se tornou ainda mais evidente.

Durante uma palestra sobre IA a que assisti recentemente, percebi que, se aplicarmos a maneira que temos nos comunicado com as máquinas na comunicação com seres humanos, podemos ter resultados mais efetivos.

A IA, atualmente, é uma ferramenta incrível e está em constante evolução. Ela nos desafia a sermos claros e objetivos em nossa comunicação. Por exemplo, ao tentar criar imagens em um *software* de Inteligência Artificial, precisei ajustar constantemente minha linguagem para obter o resultado desejado. Cada tentativa de gerar a imagem perfeita era um aprendizado sobre a importância de ser específica e clara nas instruções.

Isso me levou a uma reflexão: **se dedicamos tempo e paciência para comunicar-nos efetivamente com**

um software, por que não aplicamos o mesmo esforço em nossa comunicação interpessoal?

Frequentemente, em nossas interações diárias, tendemos a presumir que as mensagens são compreendidas exatamente como as intencionamos, sem dedicar a atenção necessária à forma como as expressamos. De maneira prática, se o computador não entende o que estamos pedindo, não reagimos de forma agressiva ou abandonamos a situação. É evidente que seríamos nós a ficar sem a resposta do computador. E se aplicássemos essa mesma lógica às interações com as pessoas que trabalham conosco?

Um exemplo prático disso é a forma como usamos certos termos no ambiente de trabalho.

Você já parou para pensar como a palavra "atrasado" pode criar imagens mentais negativas, tanto em um software de Inteligência Artificial quanto na mente de um colaborador?

Ao usar termos pejorativos, não estamos focando na solução, mas sim reforçando um problema.

Em vez disso, a comunicação efetiva, especialmente no contexto da IA, requer que sejamos explícitos e positivos. Por exemplo, em vez de repreender um colaborador por estar atrasado, uma abordagem mais produtiva seria expressar a expectativa de pontualidade futura.

Isso não só resolve o problema, mas também constrói um ambiente mais positivo e encorajador.

A minha experiência com a Inteligência Artificial reforçou uma convicção crucial que tenho compartilhado com você: a essencialidade da clareza na comunicação, especialmente no contexto de liderança.

Esta lição, aprendida pelo uso de uma nova tecnologia, é inestimavelmente aplicável na gestão de equipes.

Como líderes, temos o dever de ser tão precisos e intencionais na comunicação com nossos colaboradores quanto somos ao interagir com a tecnologia.

Esse esforço consciente em nossa comunicação pode minimizar significativamente mal-entendidos e fomentar uma cultura de transparência e eficácia comunicativa.

Em resumo, a Inteligência Artificial não apenas transforma nossas práticas de trabalho, mas também a forma como nos comunicamos. Ao adotarmos práticas de comunicação claras e positivas, inspiradas em nossa interação com a IA, podemos melhorar significativamente a dinâmica de trabalho e o relacionamento com nossa equipe, criando um ambiente propício para resultados assertivos.

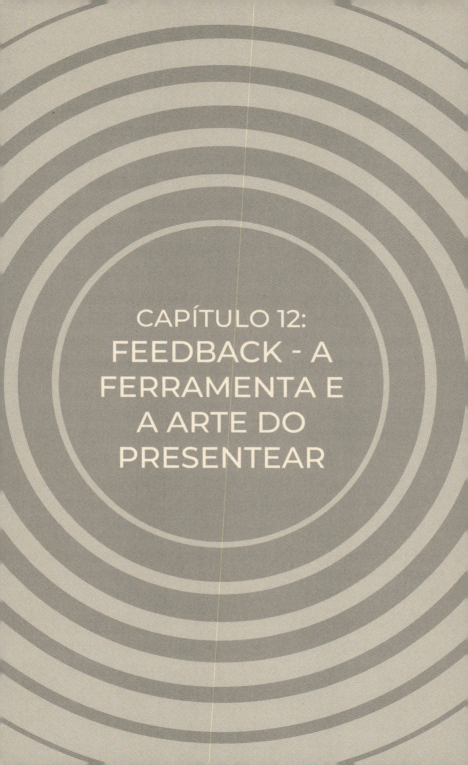

CAPÍTULO 12: FEEDBACK - A FERRAMENTA E A ARTE DO PRESENTEAR

Entenda o feedback como um presente,
em todos os sentidos.
Carol Castro

No universo da liderança, o *feedback* é uma ferramenta poderosa, mas seu verdadeiro valor transcende a mera aplicação técnica. É uma arte que se baseia no princípio fundamental de que a liderança é, antes de tudo, sobre pessoas.

Para iniciarmos nossa discussão sobre este tema, gostaria de destacar três pontos importantes: em primeiro lugar, se eu pudesse oferecer apenas uma única ferramenta para o desenvolvimento de pessoas, a mais eficaz seria o *feedback*; em segundo lugar, se atualmente você não prioriza o *feedback* como um compromisso inadiável em sua agenda, isso indica que ainda não compreendeu o poder transformador dessa ferramenta; e, por fim, mas não menos importante, evite afirmar que está fornecendo um *"feedback* construtivo", pois isso é redundante. Deve-se assumir que todas as suas ações

LÍDER, LIDERE

em relação à sua equipe sejam construtivas; do contrário, sua motivação para ser líder pode estar equivocada.

A eficácia do *feedback* não se encontra apenas nas palavras que escolhemos, mas principalmente na intenção e na atitude com que o entregamos.

Como líderes, devemos refletir: nossa agenda reflete as prioridades de um líder verdadeiro? Estamos dedicando tempo suficiente para desenvolver nossa equipe, ou estamos presos em tarefas operacionais que nos afastam de nossa principal missão de liderar e desenvolver pessoas?

Considerando essas questões, é importante que reavaliemos nossa agenda. Deve haver um equilíbrio entre compromissos operacionais e atividades focadas em liderança, como sessões de *feedback*.

Uma agenda que não contempla tempo para o desenvolvimento da equipe é uma agenda que precisa ser reestruturada. Isso implica descentralizar a tomada de decisões e confiar mais nas pessoas da equipe.

Em relação ao *feedback*, muitos líderes ainda o veem como uma obrigação ou uma tarefa a ser cumprida. No entanto, um *feedback* eficaz é um verdadeiro presente – um presente que é escolhido, preparado e entregue com cuidado e consideração. Assim como escolhemos um presente pensando na pessoa que vai recebê-lo, o *feedback* deve ser personalizado e entregue de forma que demonstre respeito e cuidado.

Muitos líderes dão *feedback* de forma apressada, no corredor ou no estacionamento, mas *feedback*, assim como um presente, requer um momento e um espaço apropriados. Deve ser dado em um ambiente no qual a pessoa possa receber, refletir e valorizar a informação. Em que você olhe no olho da pessoa e a faça sentir importante em sua jornada de líder.

O *feedback* não é apenas sobre apontar erros ou áreas para melhorias, é sobre reconhecer o valor da pessoa e ajudá-la a crescer. Afinal, quando damos um presente, esperamos que ele seja bem recebido e traga alegria, assim como o *feedback* deve ser entregue com a intenção de trazer crescimento e desenvolvimento.

Outro aspecto importante do *feedback* como presente é a personalização. Cada *feedback* deve ser adaptado às necessidades, pontos fortes e áreas de melhoria do indivíduo. Essa abordagem não só aumenta a eficácia do *feedback*, mas também fortalece o relacionamento entre líder e liderado, criando um ambiente de confiança e respeito mútuo.

Além disso, é essencial que os líderes estejam abertos a receber *feedback* de suas equipes. Essa troca bidirecional demonstra humildade e disposição para o

LÍDER, LIDERE

crescimento pessoal, além de estabelecer um modelo para toda a equipe.

Para finalizar, é importante que o *feedback* seja visto como um processo contínuo e integrado à cultura da equipe. Não é uma atividade isolada, mas uma parte constante da interação diária, que contribui para um ambiente de trabalho dinâmico, colaborativo e orientado para o crescimento.

Ao integrar o *feedback* na rotina, você, como líder, estabelece um ambiente no qual esta prática é vista como um componente natural e essencial da cultura do time. Essa abordagem promove uma comunicação aberta e transparente, criando um espaço em que o diálogo sobre performance e desenvolvimento é encorajado e valorizado. Com isso, os membros da equipe se sentem mais à vontade para compartilhar ideias e preocupações, sabendo que suas vozes serão ouvidas e suas contribuições, reconhecidas.

A frequência e continuidade no *feedback* eliminam a percepção de que esse processo é uma ferramenta punitiva ou meramente formal. Transforma-se em uma oportunidade contínua de aprendizado, crescimento e desenvolvimento pessoal e profissional. Ao incorporar o *feedback* como um elemento natural do dia a dia, os líderes fomentam um ambiente em que o desenvolvimento é constante e o crescimento é uma meta compartilhada por todos. Em geral, sugiro que você tenha sessões de *feedback* recorrentes, mensais, com seus liderados diretos; exceções devem ser tratadas como exceção, mas, em geral, você pode buscar essa frequência.

FEEDBACK TRANSFORMADOR: O DESAFIO DA COMUNICAÇÃO ASSERTIVA E EMPÁTICA

Na jornada da liderança, enfrentamos desafios variados, e um dos mais significativos é a arte de dar *feedback*. Um exemplo marcante, que destaca a importância da comunicação assertiva e empática, foi o *feedback* mais desafiador que já entreguei.

Contextualizando: o cenário era um ambiente corporativo diversificado, no qual uma mudança de setor me levou a um novo desafio. Em meio a esse contexto, deparei-me com uma situação singular: a necessidade de orientar uma colaboradora extremamente competente, mas cuja imagem pessoal precedia suas habilidades profissionais.

Ao assumir a liderança dessa equipe, a minha primeira ação foi ouvir individualmente cada membro, uma prática essencial para compreender as dinâmicas e desafios do grupo. Durante esses encontros, ficou evidente que havia uma falta de estrutura organizacional, com planos e metas mantidos apenas na mente dos colaboradores.

Em meio a essas descobertas, o foco se voltou para a colaboradora em questão, uma profissional cuja beleza e forma de se vestir haviam criado um rótulo que ofuscava sua competência. O desafio era abordar esse assunto delicado de maneira que fosse ao mesmo tempo direta e sensível.

Durante a conversa, a aproximação foi feita de maneira a estabelecer um vínculo de confiança e respeito mútuo. Em vez de iniciar com críticas, busquei reconhecer e valorizar suas habilidades, fazendo-a ver o potencial que eu via nela. A conversa se desdobrou para abordar a importância de sua imagem profissional, não como uma crítica à sua aparência, mas como uma forma de garantir que suas habilidades fossem a primeira impressão em qualquer ambiente profissional.

Foi um momento de vulnerabilidade tanto para mim, enquanto líder, quanto para ela, como liderada. Abordar um tema tão pessoal exigiu cuidado e empatia. Foi crucial comunicar que minha intenção era protegê-la de julgamentos superficiais e realçar seu verdadeiro valor como profissional.

Lembre-se do que foi abordado anteriormente sobre a sequência da Comunicação Não Violenta. Eu me concentrei em expressar meus sentimentos sobre aquela situação e explicar a necessidade por trás de meu pedido de mudança.

O resultado dessa conversa foi transformador. Ela não apenas compreendeu a mensagem, mas também se sentiu valorizada e respeitada. Essa experiência reforçou a ideia de que o *feedback*, quando dado com a intenção correta e de forma amorosa, pode mudar trajetórias e fortalecer relações profissionais.

Esse caso ilustra como o *feedback* transcende uma mera ferramenta de correção, revelando-se como um poderoso meio de desenvolvimento pessoal e profissional. A capacidade de comunicar-se de forma eficaz e empática é essencial na liderança. Esse exemplo serve como um lembrete sobre a responsabilidade e o impacto significativo que nossas palavras e ações exercem sobre aqueles que lideramos.

Como mencionei anteriormente, é possível que você não perceba, mas constantemente está deixando marcas na vida de seus liderados. A influência de um líder no desenvolvimento de sua equipe é constante e significativa.

Diante disso, para reforçar a importância de uma prática eficaz de *feedback*, torna-se essencial considerar um *checklist* que assegure sua eficiência e eficácia. Esse *checklist* inclui:

LÍDER, LIDERE

1) Agendar o *feedback*, garantindo um tempo dedicado à conversa;

2) Tornar o *feedback* um processo recorrente, evitando que se torne um evento isolado;

3) Realizar o *feedback* em um contexto de diálogo entre duas pessoas;

4) Iniciar com a pergunta "Como você está?", mostrando empatia e interesse genuíno;

5) Combinar elogios (pontos positivos) e críticas (pontos de melhoria);

6) Manter *rapport* durante a reunião, incluindo contato visual e atenção plena;

7) Utilizar a Comunicação Não Violenta (CNV) para promover um diálogo focado em respeito e solução.

A implementação desse *check-list* contribuirá para um ambiente de *feedback* mais eficaz e saudável na liderança.

PLANO DE DESENVOLVIMENTO INDIVIDUAL (PDI)

É uma ferramenta essencial na liderança, servindo como um guia para o desenvolvimento contínuo dos membros da equipe. A elaboração do PDI é colaborativa, envolvendo tanto líder quanto liderado na definição de objetivos e ações específicas. Esta ferramenta não deve ser estática, mas sim um recurso dinâmico que reflete o crescimento e as mudanças individuais.

É fundamental que o PDI seja visto como uma extensão dinâmica do *feedback*, atuando como um guia prático para o desenvolvimento contínuo do colaborador. A cada sessão de *feedback*, líder e liderado devem revisar e atualizar o PDI, se necessário, convertendo *insights* em metas específicas e ações tangíveis. Assim, o *feedback* transcende a conversa, tornando-se um catalisador de mudança efetiva e progresso constante.

O Plano de Desenvolvimento Individual (PDI), sendo um recurso dinâmico, deve refletir o crescimento do indivíduo e adaptar-se às suas mudanças, garantindo uma evolução alinhada com os objetivos pessoais e da empresa. O PDI é composto por duas partes distintas: uma voltada para projetos e processos, e outra focada em habilidades comportamentais. Naturalmente, é mais fácil escrever sobre tarefas do que sobre comportamentos, mas é importante manter em mente que o desenvolvimento das pessoas ocorrerá a partir do trabalho em ambas as frentes.

É importante que as ações comportamentais definidas no PDI sejam práticas e realizáveis, como lembretes para sorrir mais ou para validar colaboradores. Evite comentários generalizados como "ser mais responsável" ou "comprometido" ou "engajado"; transforme esses termos em ações simples e práticas para o liderado aplicar. A honestidade e a abertura na comunicação são fundamentais durante esse processo, pois garantem interações efetivas e construtivas.

Além disso, o PDI também desempenha um papel crucial em situações críticas como a demissão. Nesse contexto, a demissão é tratada como um processo, não um evento isolado. Metas claras e datas para entrega são estabelecidas e, se repetidamente não alcançadas, podem levar à demissão. O processo deve ser conduzido com transparência e honestidade, comunicando claramente o que é inegociável e dando oportunidades de ajuste.

O *feedback* e o preenchimento do PDI são processos essenciais na liderança, visando não apenas registrar avaliações, mas criar uma conexão genuína entre líder e liderado, com clareza e alinhamento de expectativas. Essa abordagem, que destaca a importância do contato direto e do entendimento mútuo, é comparável à teoria do iceberg: apenas uma pequena parte do indivíduo é visível, enquanto a maior parte, que inclui crenças, mentalidade, medos e traumas, permanece oculta. Por meio de uma comunicação aberta e sincera, líderes podem "baixar o nível da água", descobrindo mais sobre os liderados e criando um ambiente seguro para o compartilhamento de experiências e histórias pessoais.

Esse processo enfatiza a importância de os líderes atuarem diretamente no *feedback* e no PDI, enquanto o RH monitora a adesão a essas práticas. Muitos líderes, erroneamente, terceirizam a condução do *feedback* para o RH, tratando-o como uma mera formalidade de tarefa.

Ao compreender e respeitar os "icebergs" dos liderados, líderes podem guiar de forma mais eficaz, usando o *feedback* e o PDI como ferramentas para desenvolver e proteger seus colaboradores, indo além da simples cobrança de metas e promovendo um ambiente de crescimento e empatia.

NEGOCIAÇÃO CONSTRUTIVA E COMUNICAÇÃO ASSERTIVA

Não existem conflitos difíceis.
Existem apenas conflitos, os quais
não sabemos como resolver.
Fred Kofman

Desenvolver uma negociação construtiva é um processo que exige abordagens inovadoras e uma mentalidade voltada para o ganho mútuo – o famoso *"win win"*.

Inspirado pelas ideias de Fred Kofman, o conceito de "refeição preparada na véspera" é uma metáfora poderosa para entender negociações. Em vez de chegar com soluções prontas, os envolvidos devem trazer "ingredientes" – seus pontos inegociáveis e flexíveis – e, juntos, criar uma solução que beneficie ambas as partes.

É crucial entrar nas negociações com a mente aberta, disposta a colaborar e não apenas a vencer. A honestidade na comunicação assertiva é um pilar essencial nesse processo. A comunicação assertiva não é apenas sobre ser claro e objetivo, mas também sobre incorporar a honestidade em cada interação.

> *Honestidade não exclui gentileza.*
> **Carol Castro**

Como líderes, é fundamental abordar as negociações com uma mente aberta, focada na colaboração e não apenas na vitória. A honestidade é um pilar essencial na comunicação assertiva, crucial em todas as interações. Ser assertivo vai além de ser claro e objetivo, significa também integrar a honestidade em cada conversa.

Na comunicação, muitas vezes há uma tendência a pedir desculpas antes de expressar uma verdade, como se fosse necessário permissão para ser honesto. Isso mostra uma tensão entre a vontade de ser sincero e o medo de ofender.

Na prática, a honestidade não deve ser uma exceção, mas uma regra.

Ser honesto não implica ser brusco ou insensível; a verdadeira assertividade combina honestidade com clareza e gentileza.

No contexto do *feedback*, por exemplo, é comum iniciar com "Me desculpe, mas...". No entanto, isso pode subestimar a importância do que está sendo dito. A comunicação assertiva encoraja a ser direto e respeitoso, como em "Gostaria de discutir seu desempenho e explorar maneiras de melhorá-lo". Essa abordagem direta constrói um ambiente de trabalho baseado na confiança e no respeito mútuo.

Comunicar honestamente, sem ocultar intenções ou emoções, estabelece um padrão de abertura e transparência. Isso é essencial para construir relacionamentos autênticos e duradouros em qualquer ambiente, especialmente na liderança.

A comunicação assertiva e honesta é uma ferramenta vital nas negociações, garantindo que todos os envolvidos se sintam valorizados e respeitados. Em uma negociação, significa abordar os tópicos com transparência e disposição para escutar, evitando soluções prontas e adaptando-se com base no *feedback* do outro. Isso facilita o entendimento mútuo e a criação de soluções benéficas para todos.

> *Uma conversa geralmente fica azeda não por causa de seu conteúdo, mas porque os outros acreditam que um conteúdo doloroso e espinhoso signifique que a sua intenção seja maligna.*
> **Fred Kofman**

COMUNICAÇÃO NÃO VERBAL

No âmbito da liderança, um aspecto muitas vezes subestimado é o poder da comunicação não verbal. Um exemplo claro disso é que, quando estamos numa sala de reunião e alguém abre a porta e entra, ao olharmos, já formamos uma opinião sobre ela, muito antes de qualquer palavra ser dita.

A maneira como nos vestimos é uma poderosa forma de comunicação não verbal. Na liderança, nossa apresentação visual pode influenciar significativamente a percepção que os outros têm de nós. É sobre encontrarmos uma comunicação não verbal que respeita como nos sentimos bem e, também, a linguagem corporativa do lugar que estamos inseridos.

É essencial ser intencional e reflexivo sobre como nos apresentamos, sempre considerando o impacto nas percepções alheias. As escolhas conscientes na nossa apresentação visual podem reforçar nossa mensagem, facilitando a comunicação assertiva e a negociação construtiva.

CAPÍTULO 13:
8 PASSOS PARA CONSTRUIR UM TIME AUTOGERENCIÁVEL

Times de sucesso não acontecem por acaso,
eles são desenvolvidos.
Carol Castro

No contexto atual, liderar uma equipe autogerenciável é uma verdadeira arte que requer dedicação, visão e, acima de tudo, confiança no potencial humano. Este capítulo é uma jornada pelas práticas e filosofias que transformam grupos de trabalho em equipes coesas, capazes de operar com iniciativa própria e excelência. Ao longo destas páginas, guiarei você pelos 8 passos essenciais que apliquei e refinei ao longo da minha carreira para criar um ambiente no qual a autogestão não é apenas possível, mas também florescente.

Os 8 passos para criar uma equipe autogerenciável são:

1) Definir o Organograma;

2) Selecionar as Lideranças Intermediárias;

3) Criar um Ambiente de Segurança Psicológica;

LÍDER, LIDERE

4) Comunicar o Organograma;

5) Dar Suporte no Desenvolvimento das Novas Lideranças;

6) Definir Planos de Ação e PDIs;

7) Implementar Cultura de *Feedback*;

8) Delegar.

Dito isso, vou falar um pouco sobre cada um deles:

1. DEFINIR O ORGANOGRAMA

Ao abordar a construção de um time autogerenciável, é essencial começar com a definição de um organograma eficaz. Este passo não é apenas sobre a representação da hierarquia organizacional, mas sim uma ferramenta estratégica para clarificar funções e responsabilidades. Aqui, devemos evitar criar um "personagrama", no qual a organização é limitada pelas pessoas atuais. Em vez disso, o organograma deve ser baseado nas funções necessárias, independentemente das pessoas que ocupam as posições atuais.

O processo de criação do organograma deve começar com um mapeamento em alto nível das funções principais, considerando tanto as tarefas cotidianas quanto a visão de longo prazo da empresa. É fundamental evitar a criação de um organograma que se limite às capacidades atuais da equipe, focando em funções claras e essenciais para cada área da empresa ou da equipe.

Portanto, ao desenvolver um organograma, é crucial priorizar funções, não pessoas, e projetar uma estrutura que suporte a execução eficiente das tarefas diárias e a realização dos objetivos de longo prazo da empresa. Essa abordagem estratégica não só facilita a autogestão, mas também alinha os talentos individuais às necessidades organizacionais, promovendo um senso de ordem e clareza indispensável para a eficácia do time.

Após discutir a importância do organograma para a construção de um time autogerenciável, vou passar algumas orientações práticas sobre como desenvolver esse organograma de forma eficaz, para que você consiga entender melhor o processo.

- **Inicie com Clareza:** comece com uma folha em branco para desenhar o organograma. Pergunte-se como desenharia um organograma se pudesse começar do zero. Isso promove uma visão clara e organizada da estrutura da equipe.

- **Foque nas Funções:** concentre-se nas funções essenciais, desenhando caixas que representem essas funções, sem associar nomes a princípio.

LÍDER, LIDERE

- **Defina Responsabilidades:** para cada função, estabeleça as responsabilidades e tarefas claras, garantindo que todos os envolvidos na construção do organograma (exemplo: pares) compreendam suas obrigações.

- **Estruture Hierarquicamente:** organize o organograma de maneira hierárquica, do topo (alta liderança) para os níveis inferiores.

- **Utilize Post-its para Alocar Pessoas:** atribua os membros da equipe às funções adequadas usando *post-its*. O nome de cada pessoa pode ser escrito em um *post-it*, e você deve se permitir mover essa pessoa/*post-it*, experimentando diferentes cenários de organograma. Isso facilita a visualização e a alocação efetiva das pessoas.

- **Adapte Conforme a Necessidade:** esteja preparado para ajustar o organograma de acordo com as mudanças na equipe ou na empresa.

Não seja tão rígido consigo mesmo na alocação das pessoas no organograma. O organograma é dinâmico e pode ser revisado e alterado regularmente. O mais importante é ter um primeiro organograma claro para iniciar as atividades, e depois você terá a oportunidade de verificar se está funcionando ou não.

2. SELECIONAR AS LIDERANÇAS INTERMEDIÁRIAS

O passo 2 se refere a importância de selecionar lideranças intermediárias capazes e alinhadas com a visão da empresa. Isso é fundamental para transmitir a cultura de autogestão por toda a organização.

Para ilustrar isso, gosto de usar o conceito da "*Leadership House®*".

Imagine a estrutura de uma casa: a base é o nosso time operacional.

É essencial compreender que, sem uma base sólida, as outras partes da casa não se sustentam. Muitas vezes, subestimamos o valor dos especialistas e dos profissionais operacionais, mas eles constituem a fundação do nosso sucesso. A partir dessa reflexão, você não mais dirá "essa pessoa é apenas operacional". Compreenda que o nível operacional é o primeiro que deve ser organizado. Portanto, enquanto o nível operacional não estiver organizado e funcionando, o líder não pode se afastar desse nível.

O próximo nível seriam as nossas lideranças intermediárias. Esses líderes desempenham um papel essencial na tradução da visão e cultura da empresa para a equipe. Eles atuam como multiplicadores e desempenham um papel crucial no desenvolvimento de uma equipe autogerenciável.

Veja que, assim como a laje de uma casa, esse nível de liderança une dois blocos: o operacional e o estratégico. Em outras palavras, se o líder que está no telhado precisa resolver problemas operacionais, em vez de descer diretamente para a base operacional, ele deve passar pela laje, e respeitar essa interface. O contrário também é verdadeiro: o bloco operacional deve respeitar a laje como sua liderança direta, responsável por dar orientações claras no dia a dia.

Por fim, temos o telhado, representado pelos líderes de nível mais alto. Eles devem estar atentos à operação, mas a operação não deve depender unicamente deles. Isso promove a descentralização da tomada de decisões na equipe, o que é crucial para a construção de um time autogerenciável.

Fonte: Leadership House ®

Na seleção de líderes intermediários, é essencial escolher pessoas que compreendam e disseminem a cultura da empresa. No contexto da *"Leadership House®"*, que utilizo em meus treinamentos, esses líderes ocupam um papel crucial, atuando como a ponte entre a base operacional e os níveis superiores de gestão.

Um bom líder para esta posição é aquele que consegue traduzir os valores e a visão da empresa para a equipe, garantindo que todos estejam alinhados e movendo-se na mesma direção. Eles devem ser capazes de motivar, inspirar e, ao mesmo tempo, manter a equipe focada nos resultados organizacionais.

Ou seja, um excelente líder intermediário é aquele que não apenas compreende a cultura da empresa, mas também sabe como comunicá-la efetivamente para a equipe, garantindo que todos os membros da equipe operacional se sintam valorizados e parte integrante do sucesso da empresa.

Assim, a escolha cuidadosa desses líderes é fundamental para construir uma equipe autogerenciável. Uma laje bem construída serve como uma base segura para que a alta liderança desempenhe seu papel estratégico.

Ao construir sua *"Leadership House®"*, pense nas funções e nas pessoas que ocuparão cada bloco. Certifique-se de que cada líder esteja no lugar certo para otimizar o funcionamento da equipe. Lembre-se, cada equipe é uma casa, e o sucesso de uma organização depende da estabilidade e eficiência de cada uma dessas "casas".

Na liderança, a habilidade técnica não supera a habilidade comportamental.
Carol Castro

Para auxiliar na escolha da pessoa que ocupará a posição de líder intermediário, você pode contar com o suporte de várias ferramentas disponíveis. Por exemplo, eu gosto da Matriz de *Skill/Will* e vou falar um pouco sobre como usá-la. No entanto, lembre-se de que não existe uma ferramenta certa ou errada, mas sim aquela que melhor se adéqua à sua necessidade. Todas são apenas ferramentas, cada uma com seu propósito. Portanto, escolha uma, aprenda a utilizá-la e aproveite o suporte que ela pode oferecer.

Matriz Skill/Will

A Matriz Skill/Will é uma ferramenta que remonta ao modelo de liderança situacional criado por Paul Hersey e Ken Blanchard na década de 1970. Ela facilita a compreensão e o gerenciamento dos colaboradores a partir de duas dimensões fundamentais: habilidade (*skill*) e vontade (*will*). Funciona como um mapa para uma compreensão mais aprofundada dos membros da equipe, permitindo aos líderes adaptar as estratégias de liderança de acordo com as necessidades e características de cada indivíduo. A aplicação dessa matriz é vital no processo de formação de equipes, pois possibilita a identificação de como cada membro se posiciona nela e qual o suporte necessário para que alcancem seu pleno potencial.

É fundamental lembrar que a posição de um colaborador na matriz não é fixa. Ela pode mudar com o tempo, dependendo do desenvolvimento de habilidades e mudanças na motivação e, como líder, seu papel é ajudar cada membro de sua equipe a se mover para o quadrante de alta habilidade e alta vontade, no qual podem contribuir de forma mais eficaz e autônoma, alcançando uma posição de líder intermediário e multiplicador.

Esta matriz é dividida em quatro quadrantes, cada um representando uma combinação diferente de habilidade e vontade, uma maneira mais adequada de você se posicionar como líder.

Quadrantes da matriz

- **Alta Habilidade e Alta Vontade (Delegar):** este quadrante inclui colaboradores que são tanto capazes quanto motivados. Eles requerem menos supervisão e podem ser delegados com tarefas mais complexas.

LÍDER, LIDERE

A estratégia aqui é dar-lhes mais liberdade para trabalhar, comunicar confiança e reconhecimento, e definir metas mais altas.

- **Alta Habilidade e Baixa Vontade (Engajar):** colaboradores neste quadrante são habilidosos, mas podem carecer de motivação. É importante identificar o motivo para a baixa vontade e tentar estimular a motivação intrínseca. Pode-se alinhar valores e fornecer reconhecimento para reforçar comportamentos positivos.

- **Baixa Habilidade e Baixa Vontade (Direcionar):** aqui estão os colaboradores motivados, mas talvez não tenham as habilidades necessárias. A estratégia é fornecer um *feedback* claro e um plano de ação com expectativas claras. Estruturar "*quick wins*" e iniciar treinamento ou *coaching* pode ser muito eficaz. Para os colaboradores que estiverem nesse quadrante, costumo dizer que eles têm três opções de direcionamento: ou se desenvolverão tecnicamente e irão para o quadrante do lado, ou se desenvolverão em vontade e irão para o quadrante de cima, ou param de fazer parte do time sendo movimentados para fora do "gráfico". O tempo que eu recomendo para a reavaliação seja feita é de 3 meses, desde que um bom PDI esteja traçado. Caso você decida manter funcionários nesse quadrante, decida não reclamar de baixa performance e baixo engajamento; a escolha está sendo sua.

- **Baixa Habilidade e Alta Vontade (Guiar):** colaboradores neste quadrante precisam de ajuda tanto em termos de desenvolvimento de habilidades quanto de motivação. É importante reduzir riscos e obstáculos, fornecer ferramentas e treinamentos necessários, e oferecer *feedback* mais frequente.

Como preencher a matriz

Para criar a Matriz *Skill/Will*, sigam estes passos:

- **Preparação:** primeiramente, é essencial compreender que a matriz é dividida em dois eixos – o eixo horizontal representa a habilidade técnica (*skill*) e o eixo vertical representa a vontade ou desejo de trabalhar (*will*). Esses dois eixos ajudarão a avaliar cada membro da equipe de forma mais objetiva. É importante destacar a necessidade de analisar um eixo de cada vez, evitando a tendência natural de fazer compensações em relação a alguns colaboradores. Por exemplo: "Ele não é tão comprometido com a qualidade dos relatórios, mas é tão agregador com a equipe toda". Essa compensação não deve existir. Devemos aprender a avaliar nossos liderados e nos posicionar de maneira mais eficaz em relação ao desenvolvimento de cada um deles.

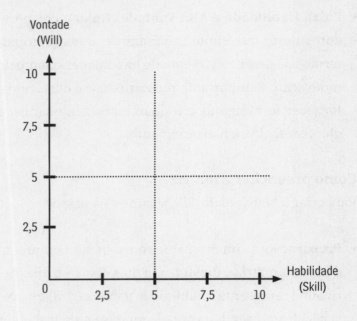

- **Avaliação da Habilidade Técnica (*skill*):** neste eixo, você deve atribuir uma nota de 0 a 10 para a competência técnica de cada pessoa. Considere a habilidade de atingir metas, realizar tarefas específicas ou qualquer competência técnica relevante para o trabalho. Lembre-se de ser objetivo e não compensar a nota técnica com a vontade de trabalhar da pessoa.

- **Avaliação da Vontade de Trabalhar (*will*):** nesta etapa, avalie de 0 a 10 a disposição e o comportamento da pessoa no trabalho. Considere aspectos como pontualidade, receptividade a *feedbacks*, disposição para ajudar colegas, atitude positiva, entre outros.

- Projete uma linha imaginária a partir da nota de cada eixo, e o cruzamento das linhas resultará em um ponto em um dos quatro quadrantes. Evite atribuir a nota 5; em vez disso, pontue 4,5 ou 5,5.

Com essas avaliações, posicione cada colaborador na matriz. Por exemplo, uma pessoa com alta habilidade técnica, mas baixa vontade de trabalhar ficaria no quadrante inferior direito.

Feito isso, com base na posição de cada um na sua matriz, você conseguirá determinar a abordagem de liderança mais adequada. Por exemplo, uma pessoa com alta habilidade e vontade talvez só precise de delegação, enquanto alguém com baixa habilidade, mas alta vontade pode precisar de mais orientação e treinamento.

Use essa matriz como um guia para conversas de desenvolvimento e ajustes na estratégia de liderança, sempre focando em como você pode apoiar cada membro da equipe a alcançar seu potencial máximo.

Lembrando que essa ferramenta é dinâmica e deve ser utilizada regularmente para acompanhar o desenvolvimento dos membros da equipe e ajustar a abordagem conforme necessário. Dependendo de onde seu liderado estiver posicionado, sua liderança se direcionará em orientações diferentes.

3. CRIAR UM AMBIENTE DE SEGURANÇA PSICOLÓGICA

Contratar talento simplesmente não é mais suficiente. As pessoas têm de estar em locais de trabalho onde se sintam capazes e dispostas a usar o seu talento.
Amy Edmondson

Após a construção do organograma, seleção e alocação das lideranças intermediárias, você, líder, é responsável por criar um ambiente de segurança psicológica para sua equipe. Isso se dará por meio de atividades intencionais em grupo que estimulem a conexão entre as pessoas, identificação de pontos em comum e criação de laços. Essas atividades podem ser conduzidas diretamente por você, ou por um moderador, como preferir. Existem diferentes modalidades de *Team Buildings* ou *Workshops* com foco em construção de times. Não confunda a criação de relação de confiança no time com amizade. Costumo dizer que nós, líderes, precisamos ensinar as pessoas a trabalharem juntas, não a serem amigas; são coisas diferentes.

Para isso, o líder deve ser responsável por trazer clareza sobre dois aspectos: primeiro, o objetivo comum da área alinhado à visão estratégica da empresa; segundo, sobre o fluxo de trabalho do time, identificando as interfaces entre as entregas de cada um e orientando para que trabalhem juntos para se beneficiarem mutuamente. Ou seja, de que forma, de maneira interdependente, o time alcançará um objetivo.

Outros aspectos que são determinantes para a criação de um ambiente com segurança psicológica:

- Liderar para além das afinidades entre líder e liderados;

- Tratar erros e falhas com foco em encontrar a solução e evitar a repetição do erro, em vez de focar em identificar um culpado;

- Aplicar a regra de que correções são feitas individualmente e elogios, em público;

- Cuidar da comunicação verbal e não verbal diante de novas ideias, evitando reprovações infundadas apenas por ter "sempre sido feito assim";

- Saber que o silêncio de sua equipe é um sinal de falta de segurança psicológica.

4. COMUNICAR O ORGANOGRAMA

Comunicar o organograma de sua empresa é um passo crucial na construção de uma equipe autogerenciável. Esse processo, por mais simples que pareça, é muitas vezes negligenciado ou mal executado. Vamos entender como você pode fazer isso de forma eficaz e porque é tão importante.

Primeiramente, compreenda que o organograma não é apenas uma estrutura formal, mas uma ferramenta que reflete a evolução e o desenvolvimento de sua empresa ou equipe. Ele estabelece clareza em relação a quem lidera e quem executa, promovendo um ambiente em que cada membro sabe exatamente seu papel e suas responsabilidades.

Ao comunicar o organograma, faça-o com transparência e assertividade. Evite a tentação de minimizar as mudanças com frases como "nada muda, todos são importantes". Essa abordagem pode confundir e desvalorizar as mudanças que você está implementando. Em vez disso, seja direto: explique como a nova estrutura vai melhorar o funcionamento da organização e como ela beneficiará todos os envolvidos.

Você tem sido refém dos seus funcionários ou seus funcionários que têm entendido a cultura da empresa e se adaptado a ela?
Carol Castro

Por exemplo, ao introduzir líderes intermediários, ressalte que essa mudança não é apenas sobre promoções, mas sobre criar oportunidades de crescimento e desenvolvimento para todos. É importante destacar que, ao se expandir, novas oportunidades e posições surgirão para serem preenchidas.

É natural que algumas pessoas possam se sentir desapontadas ou deixadas de fora. Nesses casos, é fundamental manter uma comunicação aberta e oferecer suporte.

Lembre-se: o objetivo é criar um ambiente no qual o potencial de cada membro seja reconhecido e a mobilidade ascendente seja uma realidade tangível.

Ao comunicar o organograma de maneira clara e positiva, você estabelece as bases para uma equipe engajada, motivada e, acima de tudo, autogerenciável.

5. DAR SUPORTE NO DESENVOLVIMENTO DAS NOVAS LIDERANÇAS

No quinto passo da construção de uma equipe autogerenciável, o foco é dar suporte no desenvolvimento das novas lideranças. É essencial não apenas promover indivíduos a posições de liderança, mas também investir no desenvolvimento contínuo. Como líder, sua responsabilidade vai além de conceder um título, é preciso acompanhar e orientar esses novos líderes em seu caminho.

LÍDER, LIDERE

Primeiro, é importante lembrar que mudar de cargo ou assumir uma posição de liderança é um grande passo. Esses indivíduos precisarão de tempo e apoio para se ajustar às novas responsabilidades. Ter a expectativa de que eles liderem efetivamente desde o primeiro dia sem o devido suporte é um erro. É sua responsabilidade como líder garantir que eles tenham as ferramentas e o treinamento necessários para garantir sucesso nas novas funções.

Uma abordagem eficaz é implementar programas de mentoria interna, na qual líderes mais experientes possam orientar os recém-promovidos. Isso não apenas ajuda os novos líderes a desenvolverem suas habilidades, mas também fortalece os laços dentro da equipe e promove uma cultura de aprendizado contínuo.

Além da mentoria, considere outras formas de desenvolvimento, como clubes de leitura focados em liderança, *workshops* internos e sessões de treinamento sobre habilidades essenciais como comunicação e *feedback*. Encoraje os novos líderes a compartilharem desafios e sucessos, criando um ambiente no qual o aprendizado é valorizado e as experiências são compartilhadas.

Por fim, lembre-se de que o desenvolvimento de lideranças não se limita a metas numéricas ou relatórios. Está intrinsecamente ligado ao crescimento de habilidades comportamentais e de liderança. Como líder, seu papel é crucial para orientar, apoiar e, quando necessário, intervir para assegurar o sucesso desses novos líderes e, por extensão, o sucesso da equipe como um todo.

6. DEFINIR PLANOS DE AÇÃO E PDI'S

Chegamos agora ao sexto passo na construção de seu time autogerenciável: definir planos de ação e Planos de Desenvolvimento Individual (PDI). Este passo é fundamental no processo de desenvolvimento dos líderes recém-promovidos.

Como mencionei no capítulo sobre *feedback*, o PDI é uma ferramenta primordial para o crescimento e aprimoramento de habilidades de liderança.

O PDI não deve ser apenas um plano verbal ou informal, como bons almoços ou conversas. É necessário um plano concreto, com objetivos claros e estratégias específicas para cada líder. Este plano deve ser revisado mensalmente, garantindo que o líder está progredindo e adaptando suas abordagens conforme necessário.

Ao desenvolver líderes, é importante não os limitar apenas a serem especialistas em suas áreas técnicas. É essencial ensiná-los a liderar. Isso pode incluir, como parte de seu PDI, a responsabilidade de desenvolver PDIs para os próprios liderados. Dessa

LÍDER, LIDERE

forma, estabelece-se uma cultura contínua de desenvolvimento dentro da equipe.

Escolher promover alguém a uma posição de liderança é uma decisão que deve ser tomada com responsabilidade. Se um líder não está pronto para assumir essa nova função, é essencial oferecer a ele o suporte necessário para seu sucesso. Isso pode incluir sessões conjuntas iniciais de planejamento e acompanhamento constante.

O desenvolvimento de líderes não é apenas sobre aprimorar as habilidades técnicas, mas também sobre moldá-los para serem líderes eficazes, capazes de guiar suas equipes com confiança e competência.

Lembre-se, ao promover um colaborador para um cargo de liderança, é sua responsabilidade como líder garantir que ele seja preparado e apoiado. Não promova alguém apenas para deixá-lo à deriva; acompanhe, instrua e apoie no que for necessário.

Em resumo, o sexto passo é fundamental para garantir que os novos líderes sejam eficazes e capazes de contribuir significativamente para o sucesso da equipe e da organização. Eles precisam estar equipados com as ferramentas e o apoio necessários para se desenvolverem e, por sua vez, desenvolverem suas equipes. Promover um novo líder é apenas o primeiro passo da jornada de liderança.

7. IMPLEMENTAR A CULTURA DE FEEDBACK

O sétimo passo na construção de um time autogerenciável é implementar a cultura de *feedback*, com objetivo de monitorar o progresso e garantir que a equipe esteja seguindo na direção certa.

A implementação efetiva dessa cultura envolve estabelecer um sistema regular de *feedback*, idealmente de forma mensal. Essa prática não deve ser vista como ocasional, mas sim como parte integrante da rotina da equipe. A regularidade no *feedback* é chave para manter a equipe alinhada e performando eficientemente. A ausência de *feedback* pode levar a uma queda na performance, enquanto sua retomada tende a melhorá-la.

Desenvolver essa cultura demanda persistência e consistência. Sem ela, mesmo seguindo os passos anteriores, os resultados esperados podem não ser alcançados. A cultura de *feedback* assegura que os Planos de Desenvolvimento Individual (PDIs) sejam efetivamente seguidos e os objetivos atingidos. Revisite o capítulo doze quantas vezes precisar para se sentir seguro sobre a condução de *feedbacks*.

Promover a cultura de *feedback* reforça a responsabilidade de cada membro da equipe no desenvolvimento e alcance dos objetivos comuns. Este passo é fundamental para o sucesso do último passo: a delegação eficaz,

LÍDER, LIDERE

que depende dos fundamentos estabelecidos pelos passos anteriores, incluindo a cultura de *feedback*.

8. DELEGAR

O oitavo (e o mais desejado) passo na construção de um time autogerenciável é a arte de delegar, um processo que envolve os "quatro Ds": Definir, Demonstrar, Demandar e Delegar.

- **Definir**: o líder precisa estabelecer claramente o que espera da equipe. Isso inclui definir padrões de excelência, expectativas e objetivos. É fundamental que cada membro da equipe compreenda exatamente o que se espera dele. Não cometa o erro de esperar que seu liderado te surpreenda com a entrega. Seja específico na demanda. Treine esse liderado para que um dia ele possa te surpreender, mas alinhado com sua expectativa clara.

- **Demonstrar**: após definir as expectativas, o líder deve mostrar como as tarefas devem ser realizadas. Isso pode envolver trabalhar lado a lado com a equipe, oferecendo orientação e exemplo prático. Nesse contexto, há uma frase de uso comum que se aplica muito bem: "Eu preciso desenhar para você entender?". Se for preciso, sim, desenhe. O interesse é seu que a tarefa seja entregue de acordo com suas expectativas.

- **Demandar:** esta etapa envolve o acompanhamento e a verificação do progresso. O líder deve estar presente, lembrando a equipe de prazos e exigências, e oferecendo suporte quando necessário.

- **Delegar:** finalmente, após as etapas anteriores serem bem executadas, o líder pode delegar tarefas com confiança. Nesse ponto, a equipe deve ser capaz de realizar as tarefas de forma autônoma, permitindo que o líder se afaste do processo operacional.

A implementação bem-sucedida desses quatro Ds é um processo contínuo e adaptativo, que requer atenção e dedicação do líder para garantir que a equipe esteja sempre no caminho certo para a autogestão.

Os três primeiros Ds são de responsabilidade do líder e não devem ser terceirizados. Investir tempo nessa construção é fundamental antes de partir para a delegação. É importante lembrar que se a etapa de Delegar falhar, algum erro deve ser corrigido em algum dos três primeiros Ds.

VOCÊ TEM CLAREZA SOBRE EM QUAL D ESTÁ COM CADA MEMBRO DE SUA EQUIPE?

É natural que haja pessoas em diferentes níveis. Assim, quando uma pessoa que já está na etapa de Delegar muda

LÍDER, LIDERE

de responsabilidade, ela precisa passar por todo o processo, começando do primeiro D novamente.

Ao aplicar esses oito passos no desenvolvimento de sua equipe, você estará não apenas construindo um time autogerenciável, mas também se aprimorando como um líder completo. Esses passos, que incluem a construção de confiança, a comunicação eficaz, o desenvolvimento de habilidades, o alinhamento de expectativas e a implementação de uma cultura de *feedback*, culminam na capacidade de delegar eficientemente.

Com essa abordagem, sua equipe se torna capaz de operar com independência e eficácia, enquanto você, como líder, pode focar em estratégias e visões de longo prazo. Esse é o caminho para uma liderança transformadora e um legado duradouro.

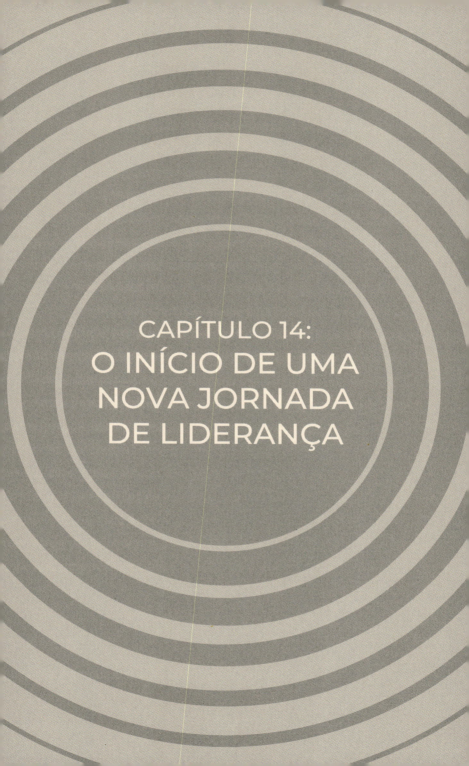

CAPÍTULO 14:
O INÍCIO DE UMA NOVA JORNADA DE LIDERANÇA

Ao concluir *"Líder, lidere"*, eu, Carol Castro, quero enfatizar que este livro é mais do que um guia: é um convite à transformação. Durante nossa jornada juntos, desvendamos os segredos da liderança eficaz, explorando habilidades essenciais, estratégias inovadoras e a importância do autoconhecimento e da empatia.

Vimos como cada líder tem o poder de criar um impacto significativo, não apenas nos resultados da empresa, mas nas vidas das pessoas que lideram. Meu desejo é que este livro sirva como um farol, iluminando seu caminho na busca pela excelência em liderança. Que você, leitor, sinta-se inspirado a liderar com propósito, construindo equipes resilientes e motivadas, e que sua liderança seja um exemplo de integridade, paixão e resultados inesquecíveis.

O verdadeiro líder é aquele que se compromete com o crescimento contínuo, tanto pessoal quanto de sua equipe.

LÍDER, LIDERE

Estou confiante de que você está agora equipado com as ferramentas e o conhecimento para fazer a diferença, liderando com congruência e frequência.

Vamos juntos construir um legado de liderança que transcende o sucesso organizacional e toca o coração das pessoas.

Continue a liderar, a aprender e a inspirar, pois o mundo precisa de líderes como você. E jamais se esqueça, o primeiro projeto de um líder é ele mesmo. Seja um projeto vivo.